논술

생각의
지도 2

논술, 생각의지도 2

1판 1쇄 찍은날 2014년 12월 30일
1판 1쇄 펴낸날 2015년 1월 5일

지은이 최낙준
펴낸이 정종호
펴낸곳 ㈜청어람미디어

책임편집 윤정원
편집 김희정 정미진 오현미
마케팅 김상기
제작·관리 정수진
인쇄·제본 한영문화사

등록 1998년 12월 8일 제22-1469호
주소 121-914 서울시 마포구 상암동 DMC이안상암1단지 402호
이메일 chungaram@naver.com
카페 http://cafe.naver.com/chungarammedia
전화 02)3143-4006~8
팩스 02)3143-4003

ISBN 978-89-97162-81-9 44100
      978-89-97162-49-9 (세트)

이 도서의 국립중앙도서관 출판시도서목록(CIP)은 서지정보유통지원시스템 홈페이지(http://seoji.nl.go.kr)
와 국가자료공동목록시스템(http://www.nl.go.kr/kolisnet)에서 이용하실 수 있습니다. (CIP제어번호: CIP
2014037765)

논술, 생각의 지도 2

최낙준 · 지음

청어람미디어

'생각의 지도' 없이 예리한 독해와 창의적 사고가

가능하다는 망상을 버려라!

탈고를 하고 나니 문득 1991년이 생각난다. 시인 고정희 선생님이 지리산에서 급류에 휩쓸려 돌아가신 해다. 그해 나는 시로 만든 나의 세계를 언젠가 그녀의 마늘밭 무덤에 바치겠다고 다짐했다. 그러나 이제야 시집 대신 실용서에 지나지 않는 한 권의 책을 세상에 내놓게 되었다.

내 삶을 변명하고 싶은 것은 아니다. 아니 변명하고 싶다. 비록 문학적인 글도 아니고, 독창적인 철학책도 아니지만, 나는 이 논술 교재를 문학과 철학의 정신으로 쓰려고 조금은 노력했다. 고등학교 교과서와 관련 고전들, 그리고 인터넷의 자료를 바탕으로 썼지만, 통합적 사고, 다각적 사고, 심층적 사고의 기운을 불어넣으려 얼마간의 불면의 밤을 보냈다.

오히려 이렇게 표현하는 것이 더 낫겠다. 끔찍스러울 만큼 가벼운 세상에서, 콘텐츠보다 포장과 유통이 지배하는 지식정보시장에서, 얕은 물로 높은 파도를 일으키려 하는 사교육계에서, 문제의식보다 글쓰기 기술이 지배하는 논술시장에서, 첫걸음만 온전히 내딛는 책을 쓰자, 그러면 나를 구원할 수 있을지도 모른다……

2013. 12. 대치동 연구실에서

최낙준

〈논술, 생각의 지도〉는

총 4권 28장으로 구성된 논·구술 기본서 시리즈다. 우리나라에 논술 시험이 도입된 지 20년에 가까운 세월이 흘렀음에도 불구하고, 기출 문제 풀이집을 제외하곤 논술에 대한 기본적인 소양을 기를 만한 책이 없는 것이 현실이다. 몇몇 철학 교양서가 있긴 하지만 이 또한 실전논술 강의 경험이 없는 저자들이 집필한 관계로 주제의 설정이 적합하지 않거나, 특정 분야를 전공한 사람들이 분할하여 집필한 까닭에 통합적 사고가 미흡한 것이 사실이다. 따라서 저자는 20년에 가까운 세월 동안 논술 교육을 한 경험을 살려, 학생들에게 꼭 필요한 주제만을 엄선한 후 이를 통합적 시각에서 설명하는 논·구술 기본서를 기획하게 되었다.

고등학교 학생이라면 매주 1장, 매학기 한 권을 소화하기에 적합한 이 책을 가지고 공부한다면 대입 논술에서 좋은 성적을 거둘 수 있을 것이다. 특히 모든 대학이 논술과 구술에서 '통합적 사고'를 표방하며 인문, 사회, 과학 제시문들을 함께 출제하고 있는 까닭에, 지망 대학이나 학과에 상관없이 수험생은 모든 장을 공부하는 것이 바람직하다는 사실에 유념해야 한다.

이 책의 구체적 활용법

이 책의 구체적 활용법은 다음과 같다. 먼저 학생들은 각 장의 대부분을 구성하고 있는 주제 강의를 '천천히 그리고 비판적으로' 읽어야 한다. 지식을 획득하듯이 암기하면 안 되고, 소개된 주장들의 논거를 확실히 음미하고 또한 비판하면서 완전히 자기 것으로 체화해야 한다. 더불어 주(註)에 소개된 내용들도 예시논거로 활용하기 위해 철저히 숙지해야 한다. 그런 다음 각 장의 말미에 있는 〔개념 다지기〕 문제를 통해 배운 내용을 복습하기 바란다. 끝으로 관련 〔논·구술 기출문제〕 중 일부를 대학 홈페이지에서 다운받아 풀어 본 후 대학 측의 해설 자료와 비교해 본다면 응용력까지 기를 수 있을 것이다.

이 책에 대하여 '논술 공부에 배경지식은 필요 없다'는 상투적 반론이 충분히 예견되는 바이다. 그러나 창의성은 결코 무에서 유를 창조하는 것이 아니다. 제시문에서 남들이 발견하지 못하는 것을 찾아내고, 자신의 주장에 대한 독창적이고 심층적이며 다각적인 논거를 댈 수 있는 사람은, 이미 머릿속에 생각의 지도를 마련한 사람뿐이다. 다만 어설프게 배경지식을 잘못 활용하여 오류를 범하지 않도록, 이 책은 고교 교과서에 들어 있는 사상들을 최대한 정확하고 알기 쉽게 서술하려고 노력했다.

어떤 주제에 관한 문제이건, 논술에서는 한 사람의 사고력 전체가 그 문제를 보는 수준을 결정한다. 문제의식도 없고 공부도 덜 된 지식 상인들이 가르치는 어설픈 글쓰기 기술 위주의 논술에서 벗어나, 학생들이 전문적 지식을 습득하기 전에 훌륭한 교양인이 될 수 있도록 하는 것이 저자의 작은 소망이다. 학생들은 각 장의 내용을 직접 책으로 읽고 싶거나 관련 논문을 쓰고 싶다면, 이 책의 곳곳에서 소개된 도서들을 참조하면 될 것이다.

지식의 상품화 시대에 실증주의, 기술적 사고, 도구적 이성 등을 비판했던 선각자들을 다시 한 번 떠올리며……

차례

내가 거지에게 돈을 준 것은, 그가 배고픔으로 인해
고통을 받는 것을 보면서 느끼는 나의 고통을 덜기 위함이라네.

·· 홉스 ··

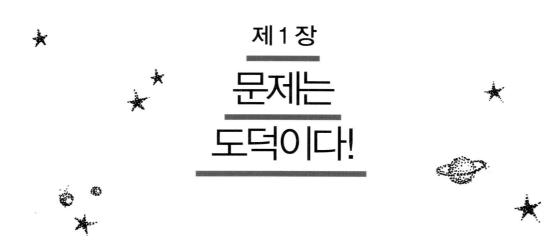

제 1 장

문제는
도덕이다!

반 고흐의 〈착한 사마리아인〉

❝어느 날 홉스는 거리를 지나가다 배고픔에 신음하는 거지를 목격하고는 그에게 약간의 돈을 건네주었다. 이때 그 장면을 보고 있던 그의 친구가, 그러한 자선 행위는 인간 본성이 이기적이라는 스스로의 믿음에 반하는 것이 아니냐는 질문을 던졌다. 그러자 홉스는 "내가 거지에게 돈을 준 것은, 그가 배고픔으로 인해 고통을 받는 것을 보면서 느끼는 나의 고통을 덜기 위함이라네"라고 대답하였다.❞

위 이야기는 인간 본성을 이기적이라고 보았던 17세기 영국의 철학자 홉스 (Thomas Hobbes, 1588~1679)의 일화다. 여기에서 홉스는 인간의 모든 행위가, 심지어는 도덕적 행위조차, 자기이익이라는 관점에서만 설명될 수 있다는 사실을 말하고 있다. 홉스의 말이 맞다면, 왼쪽 그림에 나오는 착한 사마리아인도 자신이 얻게 될 물질적·심리적 이익을 염두에 두고 강도를 만난 유대인을 도와주었을 것임에 틀림없다. 그러나 다른 동물과 구별되는 인간의 특징 중 하나인 도덕적 행위가, 과연 자기이익에만 기초하여 충분히 설명될 수 있는 것일까?

이 장에서는 이러한 질문을 비롯하여 도덕과 관련된 몇 가지 쟁점에 대한 해답을 궁구해 보고자 한다.

도덕적 판단의 기초는
감정인가, 이성인가?

도덕적 판단의 근거

인간은 사회적 존재이며, 인간의 사회적 삶을 가능하게 하는 토대는 도덕, 관습, 종교, 법과 같은 사회규범이라고 할 수 있다. 이중에서 도덕은, 다른 사회규범과 구별되는 독자성을 가지면서도, 이들과 교차되면서 인간의 사회적 관계와 사회통합을 근원적으로 지탱하는 뼈대라고 할 수 있다. 따라서 사회적 존재로서의 인간은 누구나 다른 사람들과의 관계에서 어떻게 행동하는 것이 도덕적으로 바람직한가를 고민하며 살아갈 수밖에 없다.

 도덕적 판단의 근거

도덕적 판단의 근거	감정	흄
	이성	호혜적 상호주의
		공리주의
		칸트

그런데 사회적 존재로서의 인간이 행하는 도덕적 판단의 근거는 감정에 있는 것일까, 이성에 있는 것일까? 여기에서는 왼쪽 표를 이정표 삼아 이 문제에 대해 고찰해 보기로 한다.

데이비드 흄: 도덕적 판단의 기초는 감정이다

18세기 영국의 철학자 데이비드 흄●에 따르면, 도덕적 판단의 기초는 이성이 아니라 감정(passion)이다. 흄에 따르면, 인간의 이성은 어떤 행동이 어떤 결과를 초래할 것인지를 인과적으로 파악하여, 주어진 목적을 달성하기 위해 적합한 수단을 찾아내는 데 도움을 준다. 그러나 어떤 목적을 추구할 것인가에 대하여 이성은 아무것도 말해 주지 않는다.

인간이 추구하는 목적은 의지의 영역에 속하며, 의지는 개인의 성향(propensity)이나 감정과 관련이 있지 이성과 관련되지는 않기 때문이다. 따라서 감정이 결정하는 목표를 효과적으로 달성할 수 있는 수단만을 제공한다는 의미에서, 이성은 '감정의 노예'일 뿐이다. 예컨대 싫어하는 친구와 논쟁할 때를 생각해 보라. 논쟁의 목적은 그를 이기는 것이고, 이것은 감정이 결정해 준다. 이때 이성은 감정이 정해 준 목적을 달성하는 데 적합한 수단 – 가령 그의 말을 논박할 수 있는 논리 – 을 제공해 주는 역할을 하는 데 그친다.

위 사례만을 보고 여러분은 목적을 결정하는 데 있어서 감정이 가지는 자의성을 크게 우려할지도 모른다. 그러나 인간의 감정은 **공감**(sympathy) 능력을 갖고 있기에 **도덕적 상대주의**나 **유아론**(唯我

● **데이비드 흄**(David Hume, 1711~1776) 에든버러에서 태어난 스코틀랜드의 철학자. 무신론자라는 이유로 대학교수가 되지 못했고 대중에게 널리 알려진 사상가는 아니었으나, 논리 실증주의자 에이어(Ayer)가 영국 철학자 중 가장 위대한 철학자라고 말했듯이, 세계의 지성사에 공헌한 바가 매우 큰 철학자다. 주저로는 『인성론』, 『인간 오성에 관하여』 등이 있다.

論)에 빠지지 않을 수 있다. 인간은 공감 능력에 의해 (자신에게 이익이 생기지 않음에도 불구하고) 다른 사람의 쾌락이나 기쁨에 대해 함께 즐거워하고, 그들의 고통이나 슬픔에 대해 함께 아파할 수 있다. 물론 다른 사람의 기쁨이나 슬픔은 나의 기쁨이나 슬픔만큼 생생하지 못하고, 낯선 자에 대한 공감은 가까운 사람에 대한 공감보다 더 희미하다. 그렇지만 멀리 있는 물체가 작아 보인다고 하여 그것의 크기가 실제로 작은 것은 아니듯이, 친소관계에 따라 공감의 크기가 달라진다고 하여 사람들 사이에서 상호이해와 대화를 가능하게 하는 공감의 능력을 폄하할 수는 없는 것이다.

　이와 같이 흄은 인간의 도덕적 판단에 있어서 이성보다 감정을 더 중요한 요인으로 보았는데, 그 근본적인 이유는 감정은 도덕적 행위의 동기가 될 수 있는 반면, 이성은 그렇지 못하다고 생각했기 때문이다. ●

감정의 문제점

그러나 감정이 강력한 도덕적 실천을 담보한다는 주장은, 변덕스럽고 공평성이 결여된 감정의 **비합리적 측면**을 간과한 견해다. 가령 가난한 아이의 배고픔에 대한 나의 공감은 그의 사소한 말 한마디에도 **변덕스럽게** 사라질 수 있다. 그 아이가 "키가 작고 못생긴 사람이 마음씨가 더 예쁜 것 같아요. 도와주셔서 감사합니다." 라고 말했을 때 나의 마음이 어떻게 변할지 누가 알겠는가? 또한 감정이란 친소관계에 따라 좌우되는, **공평성이 부족한** 성정이기도 하다. 1992년 보스니아-헤르체고비나가 구(舊)유고연방에서

● 가령 이성적으로는 아프리카의 굶주리는 어린이들을 도와야 한다는 것을 이해하고 있지만, 내 앞에서 피를 흘리며 고통에 흐느끼는 아이에 대한 공감이 나의 행위를 추동하는 것처럼, 이성은 나의 행위를 이끌어 내는 동력이 되지는 못한다는 것을 생각해 보라.

독립한 것을 계기로 발생한 **보스니아 내전**에서는, 이웃국가인 세르비아가 보스니아에 속한 자민족(슬라브계)의 처지에 대한 공감 때문에 보스니아계와 크로아티아계 주민을 인종청소하는 비합리적 만행을 저질렀다. 자민족의 고통에는 공감하면서도 타민족의 생명은 무자비하게 짓밟는 것이 공평성이 부족한 인간의 감정인 것이다.

이렇듯 감정은 도덕적 실천을 불러일으키는 원동력이 될 수도 있지만, 그 변덕스러움과 공평성의 부족으로 인해 도덕적 실천을 방해하거나 비도덕적 행위를 초래할 수 있는 **비합리적 요인**이다. 따라서 우리는 도덕적 판단의 또 다른 기초인 이성에 대해 검토해 보지 않을 수 없다.

이성의 개념

앞으로 소개할 내용들을 소화하는 데 있어서 이성이 무엇을 의미하느냐가 하나의 걸림돌이 될 것 같아, 여기서 잠시 그 문제를 생각해 보기로 한다.

우리가 칸트(Immanuel Kant, 1724~1804)를 다룰 때, 이성이란 시간ㆍ공간ㆍ주관을 초월하여 **보편타당한 생각을 할 수 있는 인식능력**을 말한다. 그리고 이러한 이성은 인간이면 누구나 공통적으로 가지고 태어나는 선험적 인식능력이다. (물론 칸트도 이성을 여러 가지 의미로 사용한다. 그러나 그 문제는 여기서 다루지 않기로 한다.) 그러나 우리가 상호적 호혜주의와 공리주의를 다룰 때 있어서의 이성은, 개인의 이익이나 개인이익의 사회적 합계를 **계산하는 능력**을 의미

● **호르크하이머**
(Horkheimer, 1895~
1973)
1930년대에 독일 프랑크푸
르트 대학의 사회철학 교수
이자 사회문제연구소의 소장
으로 활동하였으나, 나치의
박해로 미국으로 망명했다.
사회문제연구소를 중심으로
사회를 비판적으로 연구하
던 학자들을 지칭한 '비판이
론가'의 한 명이며, 주저로는
『이성의 부식』, 『도구적 이성
비판』, 아도르노와의 공저인
『계몽의 변증법』 등이 있다.

● **아도르노**(Adorno,
1903~1969)
프랑크푸르트 대학의 사강사
(私講師)로 활약하다 나치의
박해로 미국으로 망명한 독
일의 철학자이자 미학자. 귀
국 후 프랑크푸르트 대학의
교수로 활동했으며, 주저에는
『신음악의 미학』, 호르크하이
머와 공저인 『계몽의 변증법』
등이 있다.

한다.

이와 관련하여 **호르크하이머**●와 **아도르노**●가『계몽의 변증법』
에서 역설한 **비판적 이성**과 **도구적 이성**의 구별을 음미해 볼 필요
가 있다. 그들에 따르면, **비판적 이성**이란 자신에게 주어진 목적
(목표)을 비판할 수 있는 능력을 포함하는 이성을 말한다. 가령 나
치의 한 장교에게 유대인 학살의 명령이 주어졌을 때 그가 이러한
목표의 정당성을 의심할 수 있다면, 그는 비판적 이성을 가진 것
이다. 반면 **도구적 이성**이란, 주어진 목표를 비판할 능력은 상실
한 채 목표 달성을 위한 효율적인 수단만을 동원하는 이성을 말한
다. 위의 예에서 나치 장교가 유대인 학살이라는 목표는 비판하
지 못한 채 학살을 위한 효과적 수단만을 잘 동원한다면, 그는 도
구적 이성을 가진 것이다. 그런데 호르크하이머와 아도르노에 따
르면, 근대사회의 **계몽의 이념**은 과학과 시장에 의한 자연과 인간
에 대한 지배를 통해 비판적 이성을 마비시키고 도구적 이성을 비
정상적으로 확대함으로써, 우리가 목격하는 온갖 사회적 비극을
낳고 말았다. 가령 시장중심적 사고는 이윤극대화라는 목표의 문
제점을 비판하기보다는 이윤극대화를 위한 효율적 수단만을 강
구함으로써 자연과 인간을 황폐화시키는 결과를 초래하고 만 것
이다.

위에서 소개한 이성의 두 개념을 바탕으로 생각해 볼 때, 흄과
호혜적 상호주의, 공리주의의 이성 개념은 **도구적 이성**에 가깝다
는 것을 알 수 있다. 더불어 도덕이라는 것이 사회적 존재로서의
인간이 추구하는 바람직한 삶의 목표와 관련된다는 점을 고려할

때, 도덕적 사고는 비판적 이성과 밀접히 관련된다는 사실도 알수 있다.

호혜적 상호주의

인간의 본성이 이기적이라고 간주하는 사람들은(시장주의자들이 이를 대표한다.), 이기적인 인간으로 하여금 사회를 유지하는 데 필요한 이타적 행위를 할 수 있게 하는 동력을 **호혜적 상호성**에서 찾는 경향이 있다. 타인을 돕는 행동이 자기에게도 도움이 될 경우라면, 이기적인 인간일지라도 기꺼이 남을 도울 것이라는 판단에서다. 그들이 자신들의 주장의 원천으로 내세우는 책은 다름 아닌 **애덤 스미스**(Adam Smith, 1723~1790)의 『국부론』이다.

> 우리가 저녁식사를 마련할 수 있는 것은 푸줏간 주인이나 술집 주인, 빵집 주인의 자비심 때문이 아니라 그들 자신의 이익에 대한 관심 때문이다. 우리는 그들의 자비심에 호소하지 않고 그들의 이기심에 호소하며, 그들에게 우리 자신의 필요를 말하지 않고 그들의 유리함에 대해 말한다. 대개 그들은 사실 공공의 이익을 증진할 의도가 없으며, 자신이 공공의 이익을 얼마나 증진하는지도 알지 못한다.

그러나 이러한 관점은 **개체성의 초월**이야말로 도덕성의 핵심이라고 생각해 온 사람들에 대한 도전이 아닐 수 없다. 만약 도덕적 행위가 이기적 본성을 가진 인간들이 자기이익을 실현하기 위한 수단일 뿐이라면, 일본의 신오쿠보역에서 취객을 구하고 산화

신오쿠보 역의 고(故) 이수현 씨 추모문

한 이수현 씨의 행동은 어떻게 설명할 수 있는지 자못 궁금하다.

물론 인간 행위의 동기는 **복합적**이며, 도덕적 행위의 동기도 마찬가지다. 따라서 자기이익도 도덕적 행위의 동기를 구성하는 하나의 요소일 수 있다. 그러나 도덕적 행위의 본질은 개체성을 초월하여 다른 사람들과 사회의 이익을 지향하는 데 있으며, 심리적·물질적 자기이익은 기껏해야 부수적인 동기에 불과하다. (서두에 언급된) **홉스**가 거지를 도와주었던 행위가 자신의 고통을 회피하기 위한 것이라는 그의 말에도 불구하고 도덕적 행위에 해당하는 것은, 그 행위의 본질이 **타인**(거지)**의 고통**을 해소하려는 것이었기 때문이다. 그의 행위의 한 동기인 즐거움(=쾌락=고통의 회피)의 추구는, 제3자적 관점에서 보았을 때 부수적 동기에 지나지 않는 것이다. 〔여기서 분명히 해 둘 것은, 이러한 유(類)의 규범적 판단의 주체는 홉스가 아니라 **사회평균인**이라는 점이다.〕

결국 시장주의자들이 말하는 상호이익을 위한 상업적 행위는, 엄밀한 의미에서 도덕적 행위의 범주에 들어간다고 보기 어렵다.

왜냐하면 일상적인 **상행위**의 주된 동기는 **자기이익**임이 분명하며, 따라서 그러한 행위의 본질은 결코 도덕적인 것이 아니기 때문이다. (이것이 의심스럽다면, 빵집 주인에게 빵을 외상으로 달라고 말해 보면 될 것이다.)

공리주의

인생의 목적은 행복이며, 행복은 쾌락이자 고통의 부재라고 보는 서양의 쾌락주의(hedonism)적 전통은(1권 7장 참고), 자신의 쾌락 증진을 행위의 목적으로 삼는 **이기주의**(egoism)**적 쾌락주의**와 자신의 이익을 희생해서라도 사회적 행복의 합계를 극대화시키려는 **공리주의**로 대별할 수 있다.

　　이기주의적 쾌락주의자가 자신의 쾌락을 증진시키기 위해 행한 행위가 도덕적 행위가 될 수 있느냐 하는 문제는 일률적으로 판단하기는 어렵다. 가령 이기주의적 쾌락주의자가 해변의 해먹에 누워 한가로이 시간을 보내는 행위는 분명히 도덕적 행위가 아니다. 그러나 홉스가 거지를 도와준 것과 같은 행위는, 비록 스스로는 자신의 쾌락을 위한 것이라고 주장한다고 할지라도, 사회평균인의 관점에서 **타인의 이익**을 위한 것이라고 판단된다면 도덕적 행위라고 할 수 있다.

　　반면 **공리주의자**의 행위는, 사회 구성원 전체의 행복을 위해 자신의 이익을 기꺼이 희생한다는 점에서, 원칙적으로 도덕적 행위라고 말할 수 있다. 다만 한 사람의 장기를 강제로 적출하여 장기 이식을 필요로 하는 여러 환자에게 나누어 주는 것이 사회 구성원의 행복의 합계를 증진시키는 것과 같은 경우, 우리의 **도덕적 직관**은 공리주의자들의 판단이 도덕적 판단이라는 것을 인정하지 않을 것이다.

개인의 자유와 권리를 명백히 침해하는 이러한 경우를 제외한 다면, 공리주의자의 행위는 **계산적 이성**을 바탕으로 하는 도덕적 판단에 입각한 행위로서 이기주의적 쾌락주의자의 행위와는 구별되는 도덕적 지위를 부여받을 수 있다.

칸트의 의무론

칸트는 변덕스럽고 공평성이 결여된 비합리적 감정보다는 **이성** 속에 주어져 있기에 **보편성**을 가질 수 있는 **도덕법칙**에 의거하여 도덕적 판단의 **합리성**을 확보하고자 했다. 우리가 가진 어떤 **준칙이 보편적 입법의 원리**가 될 수 있는지를 판단해 봄으로써 그 준칙은 **도덕법칙**으로서의 지위를 얻게 되며, 따라서 그러한 도덕법칙들은 이성적 사유에 토대를 둔 **보편타당성**을 띠게 되는 것이다.(자세한 내용은 1권 7장 참고)

그런데 칸트에 따르면, 어떤 행위를 도덕적으로 만들 수 있는 것은 **선의지**(善意志)밖에 없다. 도덕법칙에 따르고자 하는 의지, 실천이성의 명령에 따르고자 하는 의지, 옳다는 이유만으로 행위를 선택하는 의지인 선의지야말로 세계 안에서나 세계 밖 어떤 곳에서나 **무조건적으로 선하다**고 생각할 수 있는 유일한 것이다. 선의지는 그것이 가져오는 결과 때문에 또는 미리 설정된 목표를 성취하기 위한 적합성 때문에 선한 것이 아니라, 그것의 의욕 때문에, 즉 그 자체로 선하다. 따라서 사회적 행복의 합계의 증진이라는 **결과**를 중시하는 공리주의의 **계산적 이성**은, 어떤 행위를 도덕적 행위로 만들 수 있는 충분한 토대가 되지 못한다.

다마지오: 이성과 감정은 분리될 수 없다

지금까지 소개된 관점들은 도덕적 판단과 실천의 기초를 감정이나 이성 중 어느 한쪽에 두는 것이었다. 그러나 신경학자 **안토니오 다마지오**(Antonio Damasio, 1944~)에 따르면, 이성이란 정서와 감정으로부터 쉽게 분리할 수 있는 것이 아니며, 감정 또한 인간의 추론 및 결정 과정에서 결코 분리될 수 없다. **전두엽 피질**(prefrontal cortex)이 손상되거나 파괴되어 **감정 조절**을 못하는 사람들에 대한 연구 결과를 바탕으로, 다마지오는 비록 이들이 추상적인 추론 능력은 가지고 있지만 현실에서 판단을 제대로 할 수 없다는 것을 밝혀냈다.

정서와 감정으로부터 완전히 분리된 '이성'을 가진 그들은 칸트가 말한 **정언명령**●의 완벽한 주체라 말할 수 있다. 그러나 이전의 경험에 뿌리를 둔 정서와 감정이 제대로 작동되지 않는 상태에서, 그들은 현실에서의 어떠한 적합한 판단도 내릴 수 없게 된 것이다.

도덕적 판단의 기초는 이성이다

지금까지 논의한 내용을 마무리하면 다음과 같다.

첫째, 감정은 변덕스럽고 공평성이 결여된 비합리적 성정이므

● **정언명령**(categorical imperative)
조건 없는 명령으로서 조건이 수반되는 가언명령과 구분된다. 가령 '행복해지려면, 거짓말을 하지 말라'는 가언명령이고, '거짓말을 하지 말라'는 정언명령이다. 즉 어떤 행동이 그 자체로 바람직하다면 정언명령이고, 다른 것의 수단으로서만 바람직하다면 가언명령이라는 뜻이다. 도덕적 행위를 행복 증진의 수단으로 보는 공리주의자들에겐 가언명령이 요청되는 반면, 도덕법칙이 보편타당성을 지녀야 한다고 보는 칸트에겐 실천이성이 정언명령을 내릴 것이 요구된다. 칸트가 밝힌 실천이성의 정언명령으로는 "네 의지의 준칙이 동시에 보편적 입법의 원리가 될 수 있도록 행동하라"와 "다른 사람을 수단이 아닌 목적으로 대하라"가 있다.

로, 도덕적 판단의 기초가 되기는 어렵다. 감정은 메마른 이성에 생명력과 활기를 불어넣는 조연 역할을 하는 데 그쳐야 한다.

둘째, 계산적 이성은 그것이 개인의 이익을 지향하는 한, 도덕적 판단의 기초가 될 수는 없다. 도덕적 판단은 개체성의 초월을 그 본질로 하기 때문이다. 다만, 개인의 이익이 도덕적 행위의 부수적 동기가 되는 경우는 있을 수 있다.

셋째, 계산적 이성이 사회적 이익을 지향하는 경우 도덕적 판단의 기초가 될 수 있다. 단, 이러한 경우에도 개인의 자유와 권리를 일방적으로 침해하는 것은 도덕적 직관에 반한다.

넷째, 보편적 도덕법칙이 무엇인지 알려주는 실천이성도 도덕적 판단의 기초가 될 수 있다. 그러나 이러한 주장이 다소 형이상학적이며, 경험적 근거가 약하다는 비판은 피할 수 없다.

다섯째, 도덕적 판단의 기초가 무엇인지를 고려할 때, 이성과 감정이 분리될 수 없다는 과학적 증거가 존재한다는 사실을 염두에 두어야 한다.

미래세대를
위한 윤리

우리는 무한한 물질적 욕구를 충족시키기 위한 개발과 경제성장을 통해, 미래세대의 생존의 터전이 되는 환경을 파괴하고 그들 몫의 자원을 고갈시키고 있다. 따라서 미래세대를 위한 윤리적 강령을 마련하고 이를 실천하지 않는다면, 우리의 후손은 인간다운 삶을 살지 못하게 되고 종(種)으로서의 인류는 멸종 위기에 처하게 될 것이다.

그러나 이와 같은 주장에 대해, 아직 존재하지도 않는 사람들에 대한 윤리적 의무라는 것이 도대체 성립할 수 있는가 하는 반론이 제기되고 있는 것도 사실이다. 하지만 그들이 현재 존재하지 않는다거나 단순히 먼 훗날 벌어질 일이라는 것을 이유로 미래세대의 생존을 위협하는 행위는 용납될 수 없다. 법인과 같이 자연적 생명이 없는 존재의 권리를 인정하는 현실이나, 핵폐기물과 같은 커다란 위험은 시차를 두고 발생한다는 점을 고려할 경우, 그러한 주장의 타당성은 인정할 수 없기 때문이다.

　다음에서는 우리가 왜 미래세대에 대한 도덕적 책임을 부담해야 하는가에 대한 다양한 관점의 논증을 제시하고자 한다.

통시성의 윤리의 필요성

사회는 구성원 간의 협동 조건을 마련하고 사회 파괴자들로부터 스스로를 보존하기 위하여 사회규범으로서의 윤리를 필요로 한다. 어느 사회에나 **동일한 세대**의 구성원 사이에는, 이러한 의미의 **공시성(共時性)의 윤리**가 마련되어 있다. 그런데 사회는 구성원의 재생산을 통해 가급적 오랜 기간 동안 존속되어야 하기 때문에 **세대 간 윤리**라 할 수 있는 **통시성(通時性)의 윤리**도 갖추어야 한다.

　과거 **봉건시대**에는 부위자강(父爲子綱), 부자유친(父子有親)과 같은 **삼강오륜**(三綱五倫)이나 **효도**(孝道)와 같은 강한 **통시성의 윤리**가 존재했다. '**가문**'이라는 관념에도 미래세대의 번영을 기원하는 의미가 포함되어 있었다. 그러나 개인주의가 보편화된 **근대사회**에서는 동일한 세대의 구성원 간의 사회적 합의만 중시될 뿐, 세대갈등이나 노인공경 정신의 실종으로 인해 **세대 간의 윤리**는 현저히 **약화**되었다. 특히 현재적 욕구에만 충실한 **소비자본주의**는 미래세대의 생존에 무관심한 문화를 낳아서 자원 고갈이나 환경 파괴를 초래하고 있다.

　따라서 미래세대를 위한 윤리를 시급히 확립하지 않는다면, 후손들의 생존은 위험에 처하고 인간사회 전체는 존속의 위기를 맞게 될 것이다.

과생산상태의 자본주의

시장경제는 발달된 과학기술의 도움으로 주어진 양의 재화를 생산하는 데 투입되는 자원의 양을 줄임으로써 일견 효율성을 달성하는 듯이 보인다. 그러나 시장경제 하에서는 광고와 판매기술의 향상으로 소비자의 **현재적 욕구**가 불필요한 수준까지 조장되고, 자원은 **과(過)사용**되며, 공급은 **과(過)생산상태**에 있게 된다. 그리하여 종종 많은 제품이 소비자에 의해 사용되지 않은 채 방치되거나, 생산자의 창고에 재고로 쌓였다가 폐기되곤 한다.

이것은 시장경제에서 자원의 합리적 사용이 근본적 한계를 가진다는 의미다. 나아가 이것은 미래세대의 생존이 위협받고 있다는 것을 의미하기도 한다. 그런데 경제주체 스스로가 장기적 전망 속에서 자신의 행위를 교정하고 이러한 문제점들은 극복할 가망성은 없어 보인다. 따라서 **정부**는 **장기적인 환경 계획**을 세워 미래세대의 생존을 위한 조치를 강행할 필요가 있다.

원초적 입장에서 도출된 정의의 원칙

존 롤즈[*]는 『정의론』에서, 무지의 베일을 가정한 원초적 입장에서 자유롭고 평등하며 합리적인 계약당사자들 사이의 합의를 통해 한 사회에 적용될 정의의 원리를 도출하고자 한다. 여기서 **원초적 입장**이란 일군의 사람들이 한 사회의 정의의 원리를 선택하려고 소집된 사회계약적 상황이고, **무지의 베일**이란 정의의 원리를 선택하는 당사자들이 상대적 부(富)나 자신이 속한 사회계급 등과 같이 계약과정을 불공정하게 만들 수 있는 사항들에 대해 무

● **존 롤즈**(John Rawls, 1921~2002)
한평생을 정의를 연구하는 데 바친 20세기 미국의 위대한 철학자. 볼티모어 출신으로 하버드대학 등에서 강의했으며, 주저로는 『정의론』, 『만민법』, 『정치적 자유주의』 등이 있다.

지하다는 가정이다. 재능이나 사회적 지위 같은 우연적인 요소를 유리한 쪽으로 이용하지 않는 가운데서 공정한 선택이 이루어지는 것이다. 무지의 베일의 가정은 계약 당사자들로 하여금 가능한 각각의 대안이 가져올 최악의 결과 중 최선의 여건을 보장하는 대안을 선택한다는 **최소극대화**(maximin) 전략을 채택하게 만든다. 가령 합리적인 계약 당사자들은 무지의 베일을 쓴 자신이 장애인일지도 모른다고 생각하므로, 최소수혜자들에게 최대한의 이익을 가져다 줄 정의의 원리를 선택하게 된다는 것이다. 이렇게 도출된 정의의 원리들은, 현실 사회의 헌법과 법률 등에 나타난 정의의 원리들을 그에 따라 수정할 수 있는, 일종의 모델 역할을 하는 것이다.

롤즈의 이러한 사고실험이 미래세대를 위한 윤리에 대하여 함축하는 바는 무엇인가? 그것은, 무지의 베일을 쓴 계약 당사자들은 자신이 어떤 세대에 속했는지도 모르므로, 자신이 미래세대에 속하게 될 최악의 결과를 가정하여, 정의로운 사회의 물적 토대가 될 자원이나 제도 등을 후손에게 물려주는 데 합의하게 되리라는 것이다.

이상의 내용을 롤즈의 『정의론』에서 직접 확인해 보기로 하자.

원초적 입장이라는 관념은 거기에서 합의된 어떤 원칙도 정의로운 것이 되게 하는 공정한 절차를 설정하기 위한 것이다. 그 목적은 순수 절차적 정의라는 관념을 이론의 기초로 사용하려는 것이다. 어떻게든 우리는 사람들을 불화하게 하고 그들의 사회적 · 자연적 여건

을 그들 자신에게 유리하게 하도록 유혹하는 특수한 우연성의 결과
들을 무효화시켜야 한다. 그런데 그러기 위해서는 당사자들이 무지
의 베일 속에 있어야 한다고 가정한다. 여러 대안이 그들의 특정한
처지에 어떤 영향을 미칠 것인가를 그들이 몰라야 하며 일반적인 고
려 사항만을 기초로 해서 원칙들을 평가해야만 한다. 그래서 당사자
들은 어떤 종류의 특정 사실을 알지 못한다고 가정된다. 무엇보다도
각자는 사회에 있어서 자기의 지위나 계층을 모르며, 천부적 자산과
능력, 지능과 체력, 기타 등등을 어떻게 타고나는지 자신의 운수를
모른다. 또한 누구든지 선에 대한 자신의 생각, 자신의 합리적 인생
계획의 세목을 알지 못하며, 또는 심지어 모험을 몹시 싫어한다든가
비관적, 혹은 낙관적인 경향과 같은 자기 심리적인 특징까지도 모르
고 있다. 또한 나는 당사자들은 그들이 속한 사회의 특수 사정도 모
른다고 가정한다. 다시 말하면 그들은 그 사회의 경제적 · 정치적 상
황이나 그것이 지금까지 이룩해 온 문명과 문화의 수준도 모르고 있
다. 원초적 입장에 있는 사람들은 그들이 어떤 세대에 속하고 있는
지에 대해서도 정보를 갖고 있지 않다.

— 존 롤즈, 『정의론』

공평성과
차등성

공평성

공평성(公平性)이란, 어떤 판단이 도덕적 판단이 되기 위해서는 실제 상황에서도 가정적 상황에서도, 자신에게 이익이 되거나 손해가 되어도 그런 판단을 할 수 있는 **보편화**가 가능해야 한다는 것을 의미한다. 가령 범죄자를 처벌할 때 자신의 자식에게는 경미한 벌을 주고 다른 사람에게는 중벌을 주기로 판단한다면, 이는 공평성에 어긋난 판단이라는 것이다.

그렇다면 우리와 **동류**(同類)인 사람들 – 가령 가족이나 친구, 동족 – 에 대하여 우리가 **특별한 의무**를 져야 한다는 생각은 공평성의 관점에서 정당화될 수 있는가? 인간의 도덕적 의무는 물리적인 힘을 넘어서는 데까지 확장될 수 없고, 친밀한 사람들에게 느끼는 애정과 행복감이 우리의 감수성에 불을 댕기고 영혼을 조화시켜서 낯선 사람들에 대한 봉사에 적극적으로 나설 수 있게 해 주므로, 우리와 동류인 사람들에 대하여 특별한 의무를 져야 한다는 생각은 정당화된다고 주장하는 사람들이 있다. 그러나 이러한 입장은 **비판적 수준**의 도덕성으로 보기 어려우며, 지나칠 경우 가족이기주의나 인종차별, 나아가 인종청소까지 정당화할 우려가 있다는 비판을 면할 수 없다. 우리와 동류인 사람들에 대한 특별한 의무를 행하다 보면, 극단적인 경우에는 다른 사람들의 자유와 권리를 침해하는 수가 있기 때문이다.

공평성의 이념은 인간사회를 넘어 동물, 심지어는 무기물에게까지 확장되는 경우도 있다. **동물해방론**을 주장하는 사람들이나 **심층생태주의자들**의 사상이 좋은 예다. 실천윤리학자 **피터 싱어**[●]에 따르면, 고통을 느끼는 존재의 이익은 평등하게 고려할 필요가 있다. 가령 돌은 **고통**을 느끼지 않으므로 발로 차도 상관이 없지만, 쥐는 발로 차면 고통을 느끼므로 이와 같은 문제에 관하여 이해관계를 가지며, 그래서 학대받지 않을 권리가 있다는 것이다. 따라서 그는 **쾌고 감수성**(快苦 感受性)을 지닌 존재의 이익은 평등하게 배려해야 한다고 주장하며, 이러한 **이익평등고려의 원칙**(principle of equal consideration of interests)을 실험용 동물이나 식용으로 사용되는 동물 등에 적용하여 **동물해방론**을 제창하였다.

한편 **아르네 나에스와 조지 세션스**[●]는, 윤리에 있어서의 **인간중심주의**를 탈피할 것을 주장하는 **심층생태주의**(Deep Ecology) 강령을 선포했다. 그들은 인간 이외의 존재를 인간의 욕망 충족을 위한 수단으로 간주하는 인간중심주의야말로 종의 다양성과 환경파괴의 근원이라고 보고, 인간과 동식물, 나아가 흙과 공기와 같

● **피터 싱어**(Peter Singer, 1946~)
호주 출신의 철학자로 현재 미국 프린스턴대학에 재직 중이다. 실천윤리학 분야에서 큰 업적을 쌓았으며, 주저로는 『동물해방론』, 『실천윤리학』, 『세계화의 윤리』 등이 있다.

● **아르네 나에스**(Arne Naess)**와 조지 세션스**(George Sessions)
나에스는 오슬로대학의 철학교수이자 노르웨이 녹색당원으로 활동했던 환경주의자로, 심층생태학이라는 용어를 창시한 인물이며 2009년에 사망했다. 한편 세션스는 미국 시에라대학의 철학교수로 심층생태학 담론의 주도자 중 한 명이다.

은 무기물도 인간과 같은 **본질적 가치**(intrinsic value)를 지니므로, 그들을 **수단적 가치**(instrumental value)만을 지닌 존재로 대우해서는 안 된다고 주장한다. 그들의 주장은 생태주의의 주류를 이루는 **환경 관리주의**에 대한 반발에서 나온 것이라고 볼 수 있다. 환경관리주의는 인간의 행복을 위해 개발과 환경보존이 모두 필요하다는 입장으로, 과학기술의 발전이 경제성장과 환경보호를 모두 가능하게 할 것이라는 믿음에 기초하고 있다. 이러한 입장에서의 국제법적 합의가 바로 '**지속가능한 개발**(sustainable development)'이다. 이 입장에서는, 종의 다양성을 보호하는 것도 인간이 살기 좋은 환경을 만들기 위한 노력의 부산물일 뿐, 종의 다양성 그 자체가 본질적 가치를 지니는 것은 아니다. 심층생태주의자들은 환경관리주의자들의 이러한 인간중심주의적 자세를 비판하며, 윤리적 공평성의 관점을 자연 전체에 확장시키려는 것이다.

차등성

그러나 현실적으로 보면, 어떠한 윤리적 원칙도 차등적으로 적용될 수밖에 없다. 공평성과 보편성이 아무리 윤리적 이상이라고 해도, 우리가 가지고 있는 **사랑, 힘, 자원**에는 **한계**가 있어서 모든 사람을 배려한다는 것은 불가능하다. (가령 전 세계의 가난한 어린이 모두를 도와줄 돈을 가진 사람이 있겠는가?) 따라서 도덕적 판단에 있어서는 몰라도, **도덕적 실천**에 있어서는 **차등성**(差等性)의 원리를 적용하는 것이 불가피하다.

　나아가 차등성의 원리가 **도덕적 판단**에 있어서도 적용되어야 한다는 주장도 있다. 도덕은 타인에 대한 나의 인간적 느낌을 전제한다. 그런데 인간의 관계는 무한히 다양하며, 그 관계에 따라 한 인간이 다른 인간에게 갖는 느낌도 무한히 다양하다. 부자 간에 느끼는 감정은 낯선 이웃 간에 느끼는 감정보다 더 가깝고, 이름도 모르는 외국인에 대한 감정보다 동포에게 느끼는 감정이 더 짙다. 『논어』에는, "저의 고장에 사는 곧은 사람이 자신의 아버지가 양을 훔치자 그 사실을 고발했다."라고 섭공(葉公)이 말하자, "우리 고장에 있는 곧은 사람은 그와는 다르다. 아비는 아들을 위해 숨겨 주고 아들은 아비를 위해 숨겨 준다. 숨기나니, 곧은 것은 바로 그 안에 있는 것이다."라고 **공자**가 대꾸했다는 애기가 나온다. 도덕적 행위는 행위주체의 깊은 내면에서 우러나는 심정에 바탕을 둘 때만 참된 도덕적 의미를 갖는다는 공자의 통찰을 엿볼 수 있다.

그러나 이러한 차등성의 원칙도 나름대로 정당화가 필요하다. 인간관계의 차이에 따라 달라지는 느낌의 차이를 정당화의 기초로 삼는 것이 **친근성 우선** 차등의 원칙이다. 부분보다 전체를 우선시하는 **전체 우선** 차등의 원칙도 있다. 이는 '**고려장**'이라는 과거의 관습에서도 나타난다. 나이 먹은 부모를 굶기거나 추위에 시달리게 하여 죽도록 내버려두는 것은, 부모보다 자식을 배려함으로써 대를 이어 전체를 보존하려는 행위다. 당시 인간의 생존조건을 고려한다면, 이는 윤리적으로 정당화될 수 있는 선택일 수 있다. **인격체 우선** 차등의 원칙이라는 것도 생각해 볼 수 있다. 산모의 목숨을 건지기 위해 태아의 생명을 희생하는 경우가 바로 그러한 예다. 이와 같이 차등성의 적용에도 윤리적 정당화가 필요한 이유는, 공평성의 실현이 불가능한 현실을 인정하면서도 차등성이 자의적으로 적용되는 것을 최대한 막기 위해서라고 판단된다.

하노이의 탑

아래 그림은 **피터 싱어**가 고안한 윤리에 관한 **하노이 탑**이다. 이 모형에서는, 위로 올라갈수록 윤리적 고려의 범위가 좁아지는 폐쇄적인 윤리가 되고, 아래로 내려갈수록 윤리적 고려의 범위가 넓어지는 개방적 윤리가 된다. 여러분은 이 모형을 공평성과 차등성의 관점에서 음미해 보기 바란다.

윤리에 관한 하노이 탑

공평성과 차등성의 관계에 대한 연습문제

여러분이 공평성과 차등성의 관계를 충분히 이해했는지 확인하기 위해 다음의 연습문제를 풀어보도록 하자. 여러분이 만약 어떤 대학의 구술시험에서 다음과 같은 질문을 받았다면 어떻게 답

하겠는가?

> **면접관**: 학생은 배아줄기세포 연구를 위해 포배기 단계의 배아를 파괴하는 행위가 윤리적으로 용인될 수 있다고 생각하는가?
>
> **학생**: 저는 그러한 행위가 윤리적으로 용인될 수 없다고 생각합니다. 배아가 자라서 태아가 되고, 태아가 자라서 성인이 되므로, 배아는 곧 인간 생명의 출발점이기 때문입니다. 불치병과 난치병에 걸린 사람들의 생명을 구하고자 또 다른 생명인 배아를 파괴하는 것은, 인간을 수단이 아닌 목적으로 대하라는 칸트의 가르침에도 어긋나는 행위입니다.
>
> **면접관**: 좋아요. 그런데 산모의 목숨이 위태로운 경우, 배아보다 더 생명으로서의 지위가 높은 태아를 낙태하는 것은 왜 허용되는 거죠?
>
> **학생**: ?!

이러한 상황에서 "교수님 말씀 듣고 보니 제가 잘못 생각했다는 것을 깨달았습니다"라고 대답한다면, 논리적 일관성에서 낮은 점수를 받을 수밖에 없다. 당황하지 말고 가만히 생각해 보라. 태아와 산모 중 어느 한 명의 목숨을 살려야 하는 도덕적 딜레마는 차등성이 적용될 수밖에 없는 절박한 상황을 전제로 하는 반면, 배아줄기세포 연구는 성체줄기세포 연구 등의 대안을 모색할 수 있는, 즉 공평성을 추구할 수 있는, 다소 덜 절박한 상황에서 제기되는 문제다. 따라서 공평성과 차등성을 상황에 맞게 함께 추구하는 사유는 논리적으로 모순되지 않는다. 이 사실을 깨닫는다면, 여러분은 논리적 일관성을 테스트하는 구술시험의 난관을 무난히 돌파할 수 있을 것이다.

개념 다지기

❶ 흄이 도덕적 판단의 근거가 감정에 있어야 한다고 주장하는 이유가 무엇인지 설명하시오.

❷ 도덕적 판단의 근거가 감정에 있다는 견해의 문제점을 지적하시오.

❸ 비판적 이성과 도구적 이성의 의미를 구분하고, 이 두 개념을 이용하여 현대 문명을 비판해 보시오.

❹ 호혜적 상호주의가 인간의 도덕적 행위를 설명하기 어려운 이유를 말해 보시오.

❺ 홉스가 자신의 고통을 덜기 위해 거지에게 적선한 행위는 도덕적 행위일 수 있는지에 대한 자신의 견해를 말해 보시오.

❻ 어떤 행위를 도덕적으로 만드는 것은 선의지밖에 없다는 칸트의 주장을 설명해 보시오.

❼ 가언명령과 정언명령의 차이를 말해 보시오.

❽ 도덕적 판단의 근거가 이성에 있어야 하는지 감정에 있어야 하는지 자신의 생각을 말해 보시오.

❾ 미래세대를 위한 윤리적 책임의 논거를 롤즈의 입장에서 제시해 보시오.

❿ 현대사회에서 통시성의 윤리가 약해졌음을 보여 주는 사례를 제시하시오.

⓫ 자본주의가 미래세대를 위한 책임을 자율적으로 짊어지기 어려운 이유를 설명하시오.

⑫ 전체 우선 차등의 원칙의 사례를 제시하시오.

⑬ 공평성과 차등성의 관계를 말해 보시오.

논·구술 기출문제

1. 2002 고려대 정시 논술: 맥도날드화
2. 2005 연세대 정시 논술: 세월이 흘러감과 욕망
3. 2007 고려대 수시2 논술: 이성과 감정
4. 2009 고려대 정시 논술: 공감과 도덕적 실천의 상관관계
5. 2010 서강대 수시2 논술: 인간의 윤리적 삶
6. 2012 서강대 수시 논술: 윤리학적 이기주의와 심리학적 이기주의
7. 2015 연세대 수시 논술: 인간과 동물의 관계
8. 2008 서울대 법대 구술: 윤리에 있어서 인간중심주의
9. 2013 서울대 철학과 구술: 동물에 대한 윤리

정의란 '각자에게 그의 몫을 주고자 하는 항구적인 의지'다.

·· 울피아누스 ··

제 2 장
정의론 Ⅰ

정의의 여신상

정의의 여신상을 자세히 살펴보라. 로마시대의 주화에서는 명확한 증거 확인과 예리한 심문을 위해 눈을 부릅뜨고 있던 그녀가, 친소관계나 자신의 이해관계에서 벗어난 공정한 판결을 위해 눈을 가리고 있다. 이것은 정의가 법의 근본이념이라는 사실과 무관하지 않다.

한편 왼손에 든 저울은 정의의 핵심 요소인 공평성을 상징한다. 공평성에 기초한 판결만이 정의 실현을 가능하게 해 주기 때문이다. 한편 오른손에 든 칼은 정의의 실현이 도덕이나 관습이 아닌 국가권력에 의해 뒷받침된다는 사실을 함축하고 있다. 그런데 민주주의적 관점에서 보았을 때, 정의를 실현하는 국가권력은 적나라한 사실력(事實力)이 아니라 국민의 동의에 기초하여 공공선을 추구하는 정당한 권력이다. 이러한 맥락에서 공평성과 더불어 공공선 또한 정의의 핵심 요소라고 말할 수 있다.

이번 장과 제3장에서는 정의에 관한 문제를 중심으로 자유와 평등, 국가의 역할 등과 관련된 여러 문제에 대한 통합적 사고를 함께해 볼까 한다.

정의란 무엇인가?

정의의 개념과 정의관

정의(正義)란 무엇인가를 정의(定義)한다는 것은 지난한 과제다. 본디 개념이란 그와 관련된 제반 담론들을 분석적으로 검토한 후에나 종합할 수 있는 결과물이기 때문이다.

정의에 관한 가장 유명한 규정은, 로마시대의 법학자 **울피아누스**(Ulpianus, 170?~228)가 말한 '**각자에게 그의 몫을 주고자 하는 항구적인 의지**'다. 하지만 '그의 몫'이 어떻게 결정되는 것인가에 대한 구체적 기준의 제시가 없다면, 이 정의는 모호한 것이 되고 만다. 그러나 다른 한편으로는 그의 몫을 결정하는 기준은 시대와 장소, 사람에 따라 달라지는 것임을 부인하기도 어렵다. 따라서 정의의 개념 외에도 다양한 **정의관**(正義觀)의 존재를 인정하고 이를 논의해야 할 또 다른 과제가 우리에게 부여된다.

일단 여기서는 정의의 개념을 '**인간의 행위나 사회 제도, 그리고**

사회의 기본구조의 공정성을 평가할 수 있는 덕목'이라고 규정하는 것으로 만족하기로 하자. 그리고 정의의 개념에 있어서 핵심적인 요소들이 무엇인가를 검토해 본 다음, 분배적 정의와 다양한 정의관에 대해 논하는 순서를 밟아가고자 한다.

공공선과 공평성

정의라는 개념의 핵심적 두 요소는 **공공선**(公共善, the common good)과 **공평성**(公平性, impartiality)이다. 정의가 인간의 사회관계에서만 추구되는 덕목인 이상, 그것은 공공선에 기여하는 것일 수밖에 없다. 인간이 자연 상태에서 벗어나 정의로운 국가와 시민사회를 이루어 살아가려고 하는 것은 사회 상태에서만 얻을 수 있는 이익이 있기 때문이다. 다른 사람의 자의적 폭력으로부터 자신의 생명, 자유, 재산을 보호한다든가 공동 사업을 통해 개인적 행위로 얻을 수 있는 이익보다 더 큰 이득을 얻는다든가 하는 것이 그

정의의 핵심요소인 공공선과 공평성

러한 예다. 따라서 정의라는 덕목을 통해 우리는 **공공선**의 달성을 도모할 수 있으므로, 공공선과 일체 무관한 정의의 개념은 불필요한 지적 사치라고 말할 수 있다. 이러한 맥락에서 정의는 **사회적 효율성**(社會的 效率性)과 밀접히 연관된다. 효율성이란 최소의 투입으로 최대의 산출을 얻는 것을 의미하는데, 정의라는 덕목을 통하지 않고서는 공공선 또는 공익의 최대한의 증대를 이룰 수 없다는 의미에서, 정의는 사회적 효율성과 관련된다는 것이다.

그러나 다른 한편으로 증대된 공익이 구성원 모두에게 분배되지는 않아서, 일부의 사람들에게는 사회관계에 참여하는 것이 손실이 되는 경우가 있을 수 있다. 그리고 이런 사정 하에서는, 사회적 협력과 공동선의 추구는 기대하기 어려운 것이 된다. 따라서 공공선을 핵심 요소로 하는 정의는 **호혜성**(互惠性) 또는 **상호이익**과도 관련된다고 말할 수 있다.

정의 개념의 두 번째 핵심 요소는 **공평성**이다. 공공선이 정의와 밀접히 관련되는 요소에 그친다면, 공평성은 정의 개념의 본체를 구성하는 더욱 핵심적인 요소라고 말할 수 있다. 사회적 협력을 통해 증진된 공익과 이것의 호혜적 분배만으로는 사람들의 정의감을 충족시키기 어려운 경우가 많기 때문이다. 사람들은 단지 호혜성이 보장된다는 사실로는 만족하지 못하며, '**자기 몫**'에 상응하는 분배를 요구하기 마련이다. 가령 **기여도** 또는 공헌도에 의거한 분배를 '자기 몫'의 기준으로 삼는 사람이라면, 자신이 기여한 정도에 상응하는 분배를 받지 못할 경우, 사회적 갈등을 일으키고 사회적 협력을 부정하는 경우가 다반사로 생기는 것이다.

그런데 사회적 협력을 통해 산출된 생산물 – 가령, 노동과 경영, 자본의 결합에 의해 생산된 자동차 – 에 대한 각자의 몫이 얼마나 되는가 하는 것은 관점에 따라 달라질 수밖에 없다. 따라서 공평한 분배와 관련된 문제를 해결하기 위해서는 다양한 정의관을 가진 사람들 사이의 논쟁과 합의가 필요하다. 이를 우리는 **실질적 정의**의 문제라고 말한다.

그런데 기여도나 공헌도에 대한 판정, 나아가 분배 기준에 대한 합의는 노사협상이나 국민적 합의 그리고 이를 규제하는 법과 같은 절차에 따라 이루어지는 것이 관례다. 따라서 절차를 도출하는 과정에의 공정한 참여, 절차 자체의 공정성, 합의된 절차의 준수(합법성) 등의 문제가 이에 뒤따른다. 이를 우리는 절차적 정의의 문제라고 말한다.

정의 개념의 핵심적 요소들에 대해 위에서 논의한 내용을 간략히 요약하면 아래의 표와 같다.

 정의 개념의 핵심 요소

공공선	사회적 효율성(공익의 증진)
	호혜성(상호이익)
공평성	실질적 정의(공정한 분배 기준에 따른 분배)
	절차적 정의(공정한 절차의 구성과 준수)

정의론의 구조

위에서 논의된 정의의 개념에 기초하여 이번 장과 다음 장에서 다룰 정의론의 구조를 간략히 소개하면 다음의 표와 같다.

 정의론의 구조

정의론	분배적 정의	실질적 정의	공적	능력	다원적 정의
				노력	
			필요		
			기타		
		절차적 정의	불완전 절차적 정의		
			완전 절차적 정의		
			순수 절차적 정의		
	사법적 정의				
	교환적 정의				
	기타				

위의 표를 보면, 분배적 정의가 정의론의 핵심을 이룬다는 사
실을 한눈에 알 수 있다. 그 이유는, 정의라는 덕목이 우리의 삶에
서 현실적 유용성을 가지려면 그것을 실현하는 구체적 수단이 필
요한데, 그러한 수단들 중 가장 중요한 것이 권력, 명예, 부 등의
사회적 희소가치를 공정하게 분배하는 것이기 때문이다. 다시 말
하면, 정의는 **분배적 정의**, 즉 사회적 희소가치의 공정한 분배를
통해 우리의 삶 속에서 구체적으로 실현된다. 물론 저지른 범죄
에 상응하는 형벌이 무엇인지 등의 문제를 다루는 사법적 정의,
급부와 반대급부의 정당한 교환관계를 다루는 교환적 정의 등도
정의론의 범주에 속하며 정의를 삶 속에서 구체화시키는 수단이
기도 하다. 그러나 범죄에 상응하는 형벌을 받는 것이나 급부에
상응하는 반대급부를 받는 것도 분배적 정의의 한 특수한 형태라

고 본다면, 정의론의 핵심은 분배적 정의라고 보아도 무방할 것이다.

한편 정의 개념에서 가장 핵심적인 요소는 공평성이라는 것과 공평성이 실질적·절차적인 측면에서 검토될 수 있다는 사실은 이미 위에서 서술하였다. 따라서 분배적 정의도 분배의 기준을 다루는 실질적 정의와 절차적 공정성을 다루는 절차적 정의로 나누어 검토해 보는 것이 타당할 것이다. 그렇다면 왼쪽 표를 이정표 삼아 정의론의 여러 문제를 살펴볼 여행을 떠날 준비가 이제 다 된 것 같다.

실질적 정의

앞에서 다뤘듯이 분배 정의론이란, 누구나 추구하지만 누구도 원하는 만큼 가질 수 없는 사회적 희소가치들, 가령 권력, 명예, 부 등의 정당한 분배를 다루는 정의론의 한 분야다. 그리고 이러한 사회적 희소가치를 분배하는 기준이 무엇인가에 대한 논의를 **실질적 정의론**이라고 한다. 실질적 정의론에서 분배 기준으로 가장 빈번히 제시되어 온 것은 공적(功績)과 필요다. 다음에서는 분배 기준의 하나로 이상주의자들이 끊임없이 거론한 '동등한 분배'에 대해 간략히 살펴본 후 공적과 필요에 대해 상세한 논의를 하고자 한다.

동등한 분배

동등한 분배란 어떤 사회적 희소가치를 모든 사람에게 똑같이 나누어 주는 것을 의미한다. 사회주의 국가에서 일 인당 일정량의

식량을 배급하는 것이 좋은 사례다. (물론 공산당 간부나 군인에게는 일반인과 동일한 양의 식량이 분배된 적이 거의 없다.) 분배 기준으로서의 **동등한 분배**는 인간의 존엄성과 가치는 동등하다는 **규범적 인간관**에 바탕을 두고 있다. 그리고 이 기준이 전제로 하고 있는 평등의 개념은 **절대적 평등과 산술적 평등**●이다.

동등한 분배는 분배의 기준이 단순·명확하고 계급 간의 갈등을 초래하지 않는다는 장점이 있다. 그러나 다음과 같은 이유로 동등한 분배는 결코 합당한 분배의 기준이 될 수 없다.

첫째, 동등한 분배는 개인들이 가지는 차이를 조금도 고려하지 않음으로써 수많은 문제를 야기한다. 이를테면 개인마다 **필요의 차이**가 있는데, 이를 고려하지 않음으로써 **인간의 존엄성에 반하는 결과**를 초래할 수 있다. 병에 걸린 노인은 치료를 위해 건강한 청년보다 많은 자원이 필요하지만, 동등한 분배는 이러한 사정을 외면할 수 있는 것이다. 또한 능력이 뛰어나거나 노력을 많이 하여 생산에 대한 **공헌도가 큰 사람**은 동등한 분배 때문에 **사회적 협력에 대한 유인을 잃어버릴 수** 있다. 그 결과 사회는 효율성 향상을 통해 공익을 증진시킬 수 있는 기회를 잃어버리게 되어 빈곤의 평등이라는 수렁에 빠질 것이다.

둘째, 동등한 분배는 **국가권력의 비대화**를 낳아 개인의 **자유를 침해**할 가능성이 매우 크다. 완전한 평등의 실현은 현실적으로 가능하지도 않지만, 설혹 일회적 실현이 가능하다고 해도 개인의 능력과 노력 등의 차이로 인해 곧 사회적 희소가치의 불평등한 분배 상태에 이를 것이다. 그럼에도 불구하고 계속적인 동등한 분

● **절대적 평등과 산술적 평등**
절대적 평등이란 모든 인간을 모든 점에서 동등하게 취급하는 것을 의미하는데, 이는 상대적 평등과 대비하여 이해되는 개념이다. 상대적 평등이란, 원칙적으로 모든 인간을 동등하게 처우하되 합리적 이유가 있는 경우 차별을 허용하는 것을 말한다. 가령 여성에게 병역의 의무를 부과하지 않는 것도 상대적 평등의 관점에 부합하는 것이다.
한편 산술적 평등이란 모든 사람에게 동일한 양의 사회적 희소가치를 분배하는 것을 말하는데, 이는 공적 등에 따라 차등적으로 분배하는 것을 의미하는 비례적 평등에 대립되는 개념이다.
이렇게 보았을 때 산술적 평등은 사회적 희소가치의 분배와 관련된, 절대적 평등의 특수한 형태라고 말할 수 있겠다.

배를 실현하기 위해서는 개인의 저항을 억압할 만한 엄청난 국가 권력이 필요하고, 이것은 또다시 개인적 자유의 더 큰 침해라는 비극적 결과를 낳게 될 것이다.

공적에 따른 분배

자본주의 사회에서 가장 일반적으로 통용되는 분배의 기준은 **공적**(功績, deserts)이다. 공적이라는 말은 공헌도나 기여도라는 말로 바꾸어 표현해도 좋을 것이다. 공적에 따른 분배는, 인간은 능력과 노력의 수준에서 차이가 있다는 **자연적 인간관**에 바탕을 두고 있으며, **상대적 평등** 또는 **비례적 평등**과 관계하여 이해되고 있다.

공적에 따른 분배는 '**같은 것은 같게, 다른 것은 다르게**' 취급해야 한다는 인간의 보편적 정의감에 부합하는 분배 방식으로서 **효율성**을 증진시키는 장점이 있지만, 다음과 같은 심각한 문제점을 초래한다는 사실에 유념할 필요가 있다. 그것은 공적을 쌓는 일이 한 개인을 둘러싼 **자연적·사회적 여건의 우연성**에 상당히 의존하기 때문에 **도덕적 자의성**을 띤다는 문제다.

공적을 쌓는 데 바탕이 되는 **능력**이라는 요소●를 곰곰이 생각해 보자. 한 개인이 갖는, 지능과 같은 능력은 유전적 요인이나 **환경적 요인**의 영향을 크게 받는다. 유전적 요인이 개인의 자발적 선택과는 무관한 **우연의 산물**임은 물론이거니와, 성장기에 지능을 발달시키는 데 영향을 미치는 환경적 요인조차 개인의 자발적 선택과 무관한, 우연의 산물인 경우가 대부분이다. 그럼에도 불구하고 뛰어난 능력을 바탕으로 큰 공적을 쌓은 사람이 그에 상응하는

● 능력을 공적을 쌓는 데 바탕이 되는 한 요소라고 한 까닭은 능력이 그 자체로는 분배 기준이 될 수 없기 때문이다. 가령 능력이 아무리 뛰어나도 운이 나빠서 수능 시험을 잘 치르지 못한 사람에게는 서울대라는 사회적 희소가치를 분배할 수 없듯이 말이다. 이러한 사정은 뒤에 소개될 노력에 대하여도 마찬가지이다.

우연성에 따른 사회적 여건 때문에 교육 수준 또한 차이가 발생할 수 있다.

사회적 희소가치를 분배받는 것을 당연시 여긴다면, 자신의 자발적 선택과 무관하게 **장애인**으로 태어나거나 장애인이 된 사람들이 비참하게 살아가는 것 또한 조금도 문제될 것이 없다는 논리가 성립된다. 남들보다 자연적 · 사회적 여건이 좋지 않아서 능력을 개발하는 데 어려움이 있는 **가난한 사람들**의 경우에도 사정은 크게 다르지 않다. 그러나 인간은 자유로운 선택의 결과에 대해서만 책임을 지는 것이 마땅하다. 따라서 우연에 의해 고통스런 삶을 살아가는 것이 도덕적으로 정당화될 수 없는 것이라면, 우연에 의해 남들보다 풍요로운 삶을 사는 것도 도덕적으로 정당화될 수 없다고 보아야 한다.

이러한 문제는 사회적 협력을 통해 생산된 재화나 서비스에 대한 개인의 기여도(공적)에 대한 평가가 상당부분 개인의 **협상 능력**에 달려 있다는 점에서 더욱 큰 심각성을 띤다. 다른 사람보다 능력이 뛰어나 큰 공적을 쌓은 사람은 이로 인해 남들보다 더 많은 사회적 희소가치를 획득하여 더 큰 협상 능력을 갖게 되므로, 향후의 분배 상황에서도 유리한 고지를 점령하는 경우가 많기 때문이다. 가령 재벌가의 아들로 태어나 대기업의 총수가 된 사람은, 생산수단을 소유하지 못해 협상 능력이 떨어지는 노동자들에 비해 그 기업의 생산물에 대한 더 큰 기여도(공적)를 인정받을 가능성이 훨씬 크다는 것이다.

바로 이러한 문제점을 해결하기 위해 롤즈는 **무지의 베일**이라는 조건을 내세워 자연적·사회적 여건의 우연성에 기초한 분배를 시정하고, 자연적 재능을 사회의 공유자산으로 간주하는 복지국가를 정의의 원리를 통해 지향하고자 했던 것이다.

반면 공적을 쌓는 데 필요한 또 다른 요소인 **노력**에 관해서는 도덕적 자의성의 문제가 크게 제기될 이유는 없다. 다만 노력에도 타고난 체력이나 성실성 같은 유전적 요인이나 노력할 수 있는 가족적 분위기 같은 환경적 요인이 **우연성**의 계기로 작용하고 있다는 점을 간과해서는 안 될 것이다.

이상에서 소개한 공적에 의한 분배의 도덕적 자의성을 비판하는 논리에 대하여는, 다음과 같은 논거에 기초한 반론이 제기될 수 있다. 첫째, 나의 신체가 나의 소유이듯, (나의 신체적 능력과 노력을 투입해 쌓은) 공적에 따라 분배받은 소유물에 대해서도 나는 완전한 소유권을 갖는다. 둘째, 최소수혜자들의 고통스런 삶은 동정심에 기초한 **자선행위**에 의해 배려하면 되는 것이지 그들을 돌보기 위해 능력을 사회적 공유자산으로 볼 필요까지는 없다. 셋째, 능력이 뛰어난 자는 자신의 능력을 온전히 발휘함으로써 범상한 자들만이 존재할 경우 누릴 수 없는 혜택(가령, 의사가 제공하는 의료 혜택)을 주변사람들에게 제공할 수 있으므로, 그것만으로도 사회에 충분히 기여하는 것이다. 넷째, 공적에 의한 분배를 통해 획득한 소유권에 대해 제한을 둔다면 능력 발휘와 노력에 대한 유인을 약화시킴으로써 사회적 효율성을 저해할 수 있다.

그러나 이러한 논거들이 그다지 설득력이 있다고 판단되지는 않는다. 첫째 논거의 경우, 유비가 잘못되었다는 비판을 면할 수 없다. 나의 신체가 나의 것임에는 틀림없지만, 나의 능력과 노력이 투입된 결과로 생산되고 분배 받은 물건에는 다른 사람의 기여도 포함된다. 가령 운수사업자가 자신의 능력과 노력으로 버스 운행 서비스를 제공하는 경우에도, 도로의 건설이나 관리에는 다른 사람의 기여가 포함되는 것이 자명한 사실이듯 말이다. 따라서 이에 대해 나의 신체에 대해 누리는 것과 같은 온전한 권리를 주장하기는 어렵다고 보아야 한다. 둘째 논거의 경우도, 자선에 의한 배려와 공유자산에 대한 정당한 권리를 혼동하고 있다는 비판을 면할 수 없다. 최소수혜자들이 공유자산에 대한 권리를 주장하는 것과 변덕스러운 자선행위에 기대는 것 사이에는 도덕적으로 커다란 차이가 존재한다. 더구나 장애인이나 사회적 약자에 대한 배려가 강자가 베푸는 시혜에 불과한 것이라면, 최소수혜자들의 삶은 타인의 변덕스런 마음에 달려 있는 불안정한 것이 될 것이다. 셋째 논거 또한 수긍하기 어렵다. 한 사람의 능력 개발에는 사회가 기여하는 바가 크고, 그러한 능력의 유용성마저 사회적으로 결정된다. 이러한 사실을 고려해 볼 때, 능력을 가진 자가 범상한 자들에게 시혜를 베푼다는 관점은 다소 일방적이고 오만한 태도에 불과하다. 축구 천재인 리오넬 메시의 재능도 바르셀로나 유소년 팀에서 받은 교육이 없었다면 개발되지 못했을 것이고, 프리메라리가와 같은 프로축구 제도가 없었다면 유용성 없는 건달의 재능으로 치부될 수밖에 없었을 것이기 때문이다. 넷째 논거의 경우도, 공적에 의한 분배가 도리어 사회적 효율성을 저해할 수 있다는 비판을 받을 수 있다. 공적에 의한 분배가 초래할 수 있는 경제적 불평등은, 사회 갈등을 초래하고 사회적 협력의 조건을 붕괴시켜 사회적 효율성을 떨어뜨릴 수 있기 때문이다. 지난 세기, 극심한 빈부격차로 인해 경제성장의 발목이 잡혔던 남미국가들이 그 좋은 사례라고 할 수 있다.

이상의 내용을 종합해 볼 때, 공적에 의한 분배는 사회적 효율성을 심하게 해치지 않는 범위 내에서 보정이 필요하다고 판단된다.

필요에 따른 분배

오늘날 대체로 **필요**에 따른 분배가 행해지고 있는 영역은 사회복지와 같은 **재분배** 영역이다. 그러나 **사회보장제도**●의 경우에도 사회보험에서는 보험료의 납입 정도에 따른 비례적 평등의 원리를 어느 정도 적용하고 있으므로 필요만을 분배의 기준으로 한다고 보기는 어렵다. 더구나 국가기관이나 기업의 급여와 같은 **소득분배** 영역에서는, **가족수당** 등의 부수적인 부분을 제외하면, 필요를 분배의 기준으로 삼는 경우는 거의 없다.

● **사회보장제도**
사회보장은 일반적으로 국가 또는 지방자치단체가 모든 국민에 대하여 사회보험과 공공부조를 통해 최저생활을 물질적으로 보장해 주는 제도를 말한다. 여기에서 사회보험이라 함은 국민에게 발생할 수 있는 사회적 위험을 보험방식에 의하여 대처함으로써 국민건강과 소득을 보장하는 제도를 말한다. 현재 우리나라에서 시행되고 있는 국민연금, 건강보험, 고용보험, 산재보험 등이 이에 속한다. 한편, 공공부조는 국가 및 지방자치단체의 책임 하에 생활유지 능력이 없거나 생활이 어려운 국민의 최저생활을 보장하고 자립을 지원하는 제도를 말한다. 국민기초생활보장제도, 의료급여 등이 공공부조 정책의 일환으로 우리나라에서 시행되고 있다. 이 밖에도 무상급식, 무상보육 등의 사회복지서비스도 사회보장제도에 포함된다.

그럼에도 불구하고 필요에 의한 분배가 일정한 설득력을 갖는 이유는, **고통의 감소**가 쾌락의 증진에 비하여 도덕적 우위를 갖고 있다는 사실에 기인한다. 다음과 같은 경우를 가정해 보자. 여러분은 지금 여러분이 가진 1만 원을, 배고픔에 울고 있는 아이와 무료함을 달래기 위해 PC방에 가고 싶어 하는 아이 중 누구에게 줄 것인가를 고민하고 있다. 만약 배고픈 아이가 밥을 사먹음으로써 감소하게 될 고통의 크기와 무료한 아이가 PC방에 감으로써 얻게 될 즐거움의 크기가 같다면, 공리주의자에겐 누구에게 돈을 건네주건 차이가 없을 것이다. 그러나 대부분의 사람은 고통의 감소가 쾌락의 증가보다 훨씬 더 큰 도덕적 호소력을 갖고 있다고 생각한다. 이러한 현상을 고통과 쾌락의 **도덕적 비대칭성**이라고 한다. 여러분이라면 아마도 도덕적 비대칭성에 기대어 배고픈 아이에게 돈을 주는 것이 더 옳다고 판단할 것이다. 더구나 고통을 감소시킬 방법을 인식하는 것은 쾌락을 증가시킬 방법을 인식하는 것보다 훨씬 더 명확하다. 배고픈 아이가 빵을 먹음으로써 고통이 감소될 것은 자명하지만, 무료한 아이가 인터넷 게임을 함으로써 쾌락을 얻게 될지는 불분명한 측면이 있다. 게임을 하다 보면, 숙제를 해야 한다는 중압감에 시달릴 수도 있고, '내가 뭘 하고 있지?' 하는 생각에 게임에 대한 흥미를 잃어버릴 수도 있기 때문이다. 이렇게 고통을 감소시킬 방법을 인식하는 것이 쾌락을 증가시킬 방법을 인식하는 것보다 훨씬 더 명확한 현상을 고통과 쾌락의 **인식론적 비대칭성**이라고 한다.

많은 사람이 분배의 기준으로서 필요를 제시했던 이유도 이와 무관하지 않다고 생각한다. 특히 19세기의 가혹한 자본주의적 삶 속에서 가난한 노동자의 비참한 삶을 목격하였던 마르크스(Karl Marx, 1818~1883)는 공산주의 사회가 도래하면 필요에 따른 분배가 가능해질 것이라고 굳게 믿었다. 아래에서 그가 쓴 『공산당 선언』의 한 대목을 읽으며 이 문제를 잠시 생각해 보도록 하자.

공산주의 사회의 **낮은 단계**에서 통용되는 동등한 권리는 여전히 부르주아적 권리의 한계를 벗어나지 못하고 있다. 여기서 생산자들의 권리는 그가 제공하는 **노동**에 비례한다. 그런데 **어떤 사람은 다른 사람보다 육체적 또는 정신적으로 뛰어나서**, 같은 시간 안에 더 많은 노동을 제공하거나 아니면 더 오랫동안 노동을 할 수 있다. 따라서 동등한 권리는 불평등한 노동에 대해서는 불평등한 권리가 된다. 이 권리는 어떠한 계급적 차이도 인정하지 않는다. 왜냐하면 모두가 다같이 노동자에 지나지 않기 때문이다. 그러나 그것은 암암리에 불평등한 개인적 소질을, 따라서 노동자들의 불평등한 노동 능력을 자연적 특권으로 인정하고 있다. 그러므로 그것은 그 내용상 불평등한 권리인 것이다.

　공산주의 사회의 더 높은 단계가 되면, 즉 개인이 노예처럼 분업에 예속되는 상태가 사라지고 이와 함께 정신노동과 육체노동 사이의 대립도 사라지고 나면, 노동이 생활을 위한 수단일 뿐만 아니라 그 자체가 삶의 제1차적인 욕구가 되고 나면, 개인들의 전면적 발전과 더불어 **생산력도 성장**하여 집단적인 부의 모든 원천이 흘러넘치고 나면, 그때에야 비로소 부르주아적 권리의 좁은 한계가 완전히 극복되고 사회는 자신의 깃발에다 다음과 같이 쓸 수 있게 된다. 능력에 따라 일하고, 필요에 따라 분배를!

— 마르크스, 『공산당 선언』

위의 인용문에서 **공산주의 사회의 낮은 단계**란 프롤레타리아 혁명(공산주의 혁명이 아니라 **사회주의 혁명이다!**) 이후에 도래한 사회주의 사회를 말한다. 사회주의 사회에서는 생산수단이 국유화될 뿐 분배의 기준은 **노동**, 즉 공적이다. 그런데 앞에서 기술한 대로 공적에 의한 분배는 도덕적 자의성의 문제를 초래한다. 그래서 마르크스는 능력이나 노력이 자연적·사회적 여건의 우연성에 기초하고 있다는 사실을 비판하기 위해 '**어떤 사람은 다른 사람보다 육체적 또는 정신적으로 뛰어나서**'라고 표현하고 있는 것이다.

나아가 마르크스는, **공산주의 사회의 더 높은 단계가 되면, 능력에 따라 일하고, 필요에 따라 분배**하는 것이 가능할 것이라는 희망을 피력하고 있다. 생산수단의 공유만이 실현되는 사회주의 사회와는 달리 완성된 공산주의 사회에서는 분배에 있어서도 공유가 실현되는 것이다. 그런데 그렇게 되기 위해서는 한 가지 조건이 충족되어야만 한다. 그것은 바로 **생산력의 성장**이다. 필요에 따른 분배를 하려고 해도, 필요한 만큼의 재화가 생산되지 않는다면 분배는 불가능할 것이기 때문이다. 따라서 마르크스는 생산력의 성장을 필요에 따른 분배를 위한 전제조건으로 제시한 것이다.

그러나 만약 필요에 따른 분배가 시행된다면 어떤 일이 벌어질까? 누구나 필요한 만큼 분배받을 수 있으므로 자기 능력의 한계까지 열심히 노력하여 일하는 사람은 거의 없게 될 것이다. 그리하여 공산주의 사회에서는 필요한 만큼 분배할 재화가 부족하여 더는 필요에 따른 분배를 할 수 없는 지경에 이르고 말 것이다.

공적인가 필요인가?

여러분이 나중에 기업을 경영하게 된다면, 능력도 없고 노력도 안 하는 사람이 필요한 것이 많다는 이유로 높은 급여를 요구할 때 그것이 얼마나 터무니없는 일인지를 알게 될 것이다. 이렇듯 필요를 주된 분배의 기준으로 삼는 것은 현실성도 없고 도덕적 타당성도 없다. 현실성이 없는 이유는, 그래서는 기업의 생산성이 하락해 문을 닫아야 하기 때문이며, 도덕적 타당성이 없는 이유는 '각자는 그의 공적에 따라(to each according to his deserts)'라는 전통적 정의감에 부합하지 않기 때문이다. 그렇다고 공적에 의한 분배가 도덕적 자의성의 문제로부터 자유롭다는 것은 결코 아니다. 그러므로 우리는 영역을 구분하여 분배적 정의 문제에 접근할 필요가 있다. **소득분배** 영역에서는 공적을 주된 기준으로 하되 **재분배**의 영역에서는 필요를 주된 기준으로 하는 것이다. 이와 같은 사고를 조금 더 밀고 나간다면 우리는 1권 3장에서 다뤘던 **마이클 왈처**(Michael Walzer)의 다원적 정의론에 도달하게 된다.

다원적
정의론

1권 3장에서 다루었던 내용을 잠시 복습해 보도록 하자. **왈처**는 사회에는 정치·경제·예술 등 여러 영역이 있으며, 영역마다 자신의 역사적이고 문화적인 특수성에서 유래하는 고유한 핵심 가치(가령 정치에서의 권력)와 이를 분배하는 기준(가령 정치에서의 국민의 지지)이 존재한다고 본다. 그에 따르면, 각 영역의 핵심적인 사회적 희소가치가 그 영역의 분배 기준에 맞게 분배될 때 분배적 정의가 달성된다. 이러한 그의 주장은 한편으로는 분배 기준의 단일성을 부정하는 의미를 지니고, 다른 한편으로는 한 영역의 핵심 가치나 분배 기준이 다른 영역의 핵심 가치나 분배 기준을 대체하는 현상을 비판하는 의미를 지닌다.

전자는 그간의 분배적 정의론이 공적이나 필요 같은 어느 하나의 분배 기준만으로 모든 영역의 사회적 희소가치들의 합당한 분배를 설명하려 했다는 사실과 관련된다. 이를테면 소득분배의 영역에서는 공적이, 재분배의 영역에서는 필요가 주된 분배 기준이 되는 것이 마땅함에도, 전통적인 분배적 정의론들은 영역에 따른 분배 기준의 다원성을 미처 고려하지 못했듯이 말이다. 보다 흥미로운 사례도 있다. 가령 배우자 분배 영역에서 누가 '소녀시대'의 윤아를 배우자로 맞이하는 것이 정의로울까? 돈을 많이 번 사람(공적)이나 윤아를 가장 좋아하는 사람(필요)일까? 그렇지 않을 것이다. 배우자 분배의 기준은 쌍방 간 선호의 일치일 것이다. 이렇듯 영역을 나누지 않고 단일한 분배 기준을 적용하는 것은 현실의 복잡성과 각 영역의 고유한 역사를 무시하는 과오를 범하는 결과를 초래한다. 왈처가 비판하고자 하는 지점이 바로 이것이다.

한편 후자는 '돈의 지배'를 비판하려는 그의 의도와 관련된다. 특별당원비를 내고 비례대표 1번으로 공천을 받아 국회의원으로 당선되는 것이나 성매매가 부당한 이유는, 경제 영역의 핵심 가치 또는 분배 기준이어야 할 돈이 다른 영역의 핵심 가치나 분배 기준을 대체해 버렸기 때문이다. 이러한 관점을 따를 때 '한국은 돈만 있으면 살기 좋아!'라는 말이 얼마나 부정의한 것인지, 여러분 스스로 생각해 보기 바란다.

그런데 돈의 지배를 비판하는 왈처의 작업은 '사회 속에서 경제가 차지해야 할 올바른 위치'에 대한 **칼 폴라니**●적 지적 전통과 밀접한 관련이 있다. 칼 폴라니는 『거대한 변환』에서, **사회 체제의 일부**로서 비경제적 동기에 의해 움직였던 경제 체제가 19세기에 이르러 **사회 전체를 지배**하는 시장경제 체제로 탈바꿈한 현상을 비판하였다. 그가 말하는 '**거대한 변환**'이란, 사회적 유대 속에서

● **칼 폴라니**(Karl Polanyi, 1886~1964)
19세기 말 오스트리아-헝가리 제국에서 출생하여 영국과 미국, 그리고 캐나다에서 경제학을 문화인류학적 방법으로 연구하였던 대학자. 주류경제학계로부터는 환영받지 못하였으나, 주저인 『사람의 살림살이』, 『거대한 변환』 등을 통해 사회에서의 경제의 올바른 위치를 제시하여 후학들에게 큰 영향을 미쳤다.

거대한 변환: 사회 전체가 경제화되는 현상

생존을 유지하던 사람들의 공동체가 인간과 자연의 상품화를 토대로 한 자율적 시장경제로 바뀌면서 사회 전체가 경제화된 현상을 뜻하는 것이다. 이러한 대변환 속에서는 인간의 상품화로 소외가 일어나고 자연의 상품화로 환경이 파괴된다. 그는 이를 비판하며 사회 속에서 경제의 알맞은 위치를 찾을 것을 주장했다.

이러한 폴라니의 주장은, 경제 영역의 핵심 가치이자 분배 기준에 머물러야 할 화폐가 사회의 모든 영역을 지배하게 된 현상을 비판하는 왈처의 관점과 매우 유사하다. 최근 우리 사회에 돌풍을 일으킨 마이클 샌델(Michael Sandel, 1953~)의『돈으로 살 수 없는 것들』도 이러한 사고방식을 구체화한 것이라고 할 수 있다. 아래에는 왈처의『정의와 다원적 평등』에서 핵심적인 내용을 발췌해 두었으니 천천히 음미해 보기를 바란다.

모든 사회적 재화 또는 가치는 각기 고유한 분배 영역을 구성하며, 각 영역별로 적절한 분배 기준이 존재한다. 예를 들어, 돈은 시장의 영역에서는 적절한 기준이지만, 성직의 영역에서는 부적절한 기준이다. 모든 분배 영역에 통용되는 단일한 분배 기준은 없다. 우리는 기껏해야 분배 영역들의 상대적 자율성을 찾을 수 있을 뿐이다.

하나의 사회적 가치를 균등하게 분배하기만 하면 정의가 달성된다는 생각을 나는 '단순 평등론'이라고 부르겠다. 또한 하나의 사회적 가치를 분배하는 기준이 여타의 가치들의 분배를 위한 기준으로 일반화되는 경우를 나는 '지배(dominance)'라고 부르고자 한다. 즉 어떤 한 재화나 가치를 소유한 개인이나 집단이 오로지 그 가치를 가지고 있다는 이유 하나만으로 여타의 가치나 재화를 갖게 되는 경우가 지배다.

지배적 가치는 그 가치를 소유함으로써 다른 모든 가치를 소유하게 되는 가치를 의미한다. 지배적 가치를 단 한 사람 또는 일군의 사람들이 독점하면, 모든 가치는 그들에게 장악된다. 하나를 갖게 되면 나머지 것도 연쇄적으로 갖게 되는 것이다. 각각의 사회적 가치나 재화는 나름대로의 자율적인 분배 기준을 가지므로 한 가치를 분배하는 기준이 다른 가치들의 분배를 지배하는 것은 부정의하다.

평등은 똑같은 양의 재산을 소유하도록 하는 것이 아니라, 사회적 가치의 다양성을 반영하는 다양한 분배 기준을 요구하는 것이다. 다양한 분배 기준은 해당 재화(가치)에 대하여 사람들이 부여하는 사회적 의미에 따라 정해지므로 역사적이고 문화적인 특수성의 산물이다. 이와 같은 다원적 '평등'의 체제는 지배와는 정반대가 된다.

다원적 평등의 예는 다음과 같다. 공직의 분배 영역에서는 시민 X

가 시민 Y보다 우선하여 선택될 수 있으며, 이때 두 사람은 정치권력의 영역에서는 불평등하다. 그러나 공직이라는 가치를 보유한다는 이유로 그 외 모든 영역에서 X에게 우선적인 의료 혜택, 자녀 취학의 우선권, 취업 기회의 우선적 제공 등과 같은 혜택이 주어지지 않는 한, 이 두 사람이 일반적으로 불평등하다고 말할 수는 없다. 공직이 지배적 가치가 아닌 한, 또한 일반적으로 다른 가치로 전환되지 않는 한, 공직 소유자는 그들이 통치하는 사람들과 평등한 관계에 있을 것이다.

어떤 사회적 가치도 결코 앞에서 말한 지배의 수단으로 이용되지 않는 사회, 또는 그렇게 이용될 수도 없는 사회가 정의로운 사회다. 그러한 관점에서 보았을 때 우리 사회에서 가장 심각한 문제는 경제 영역의 가치이자 분배 기준으로 머물러야 할 돈이 다른 모든 영역에 침투하는 현상이다.

사랑은 사랑으로 교환되고, 우정은 우정으로 교환되어야 한다. 하지만 자본주의가 만연하면서 돈은 사랑도 사고, 우정도 살 수 있는 존재가 되었다. 그러나 사랑이나 우정은 결국 돈으로 살 수 없는 것이다. 이와 동일하게 돈이 정치 영역에 침투하여 권력을 사거나 교육 영역에 침투하여 명예를 사들이면 안 된다. 돈이 모든 사회적 가치를 살 수 있게 되면, 사회적 가치의 다양성은 소멸될 수밖에 없다.

– 마이클 왈처, 『정의와 다원적 평등』

개념 다지기

❶ 정의 개념의 핵심 요소로서 공공선이 거론되는 이유는 무엇이라고 생각하는가?

❷ 정의 개념의 핵심 요소로서의 공평성은 무엇을 의미하는지 말해 보시오.

❸ 동등한 분배의 장점과 문제점을 말해 보시오.

❹ 공적에 따른 분배의 도덕적 자의성에 대한 자신의 견해를 말해 보시오.

❺ 공적에 따른 분배를 비판하는 데에 반대하는 주장의 논거를 말하고, 이를 논박해 보시오. .

❻ 필요에 따른 분배가 설득력을 가지는 이유를 말해 보시오.

❼ 다원적 정의론이 등장한 배경을 말해 보시오.

❽ 다원적 정의론과 폴라니의 '거대한 변환'의 유사성을 말해 보시오.

❾ 다원적 정의론을 비판해 보시오.

❿ 자신이 생각하는 분배의 기준이 무엇인지 말해 보시오.

논·구술 기출문제

1. 2006 고려대 수시 논술: 정의와 효율성
2. 2007 서울대 정시 논술: 지식정보화 시대에 사회 각 영역의 변화 속도
3. 2008 서울대 수시 기출: 자본주의 체제의 구조적 보완 가능성
4. 2008 경북대 논술 예시문제: 분배의 기준
5. 2009 서울대 정시 논술: 공동 사업에 관한 문제 해결 방안(합법성, 효율성, 호혜성, 공평성)
6. 2014 고려대 수시 논술: 평등에 관한 세 가지 의견(절대적 평등, 상대적 평등, 실질적 평등)
7. 2004 서강대 수시 구술: 채용 조건으로 용모를 우선시하는 것에 대한 입장
8. 2005 충북대 수시 구술: 외모지상주의

정의는 정하는 것보다 반론하기가 쉽다.

•• 아리스토텔레스 ••

제3장

정의론 Ⅱ

공정하게 케이크를 자르는 방법은 무엇일까?

오빠와 여동생이 케이크를 나누고 있다. 이 둘이 케이크를 공정하게 나누어 가질 수 있는 방법은 무엇일까? 오빠가 마음대로 자르는 대신 여동생이 먼저 먹을 수 있는 기쁨에 젖을 수 있다면 그것은 공정한 방법일까? 만약 오빠가 돌연히 칼을 놓고 "너도 한 조각 먹었으니, 나머지는 전부 나의 것이다"라고 선언한다면 어떤 일이 벌어질까? 오빠가 먹기 좋게 여러 조각으로 케이크를 자를 것이라고 생각했던 여동생은 아마도 분을 참지 못해 울음을 터뜨릴 것이다. 이러한 오빠의 전횡을 막으려면 여동생은 애초에 다음과 같은 제안을 해야만 한다. "우리 둘이 공정하게 케이크를 한 조각씩만 먹자. 단, 한 사람은 자르고 다른 사람은 자신이 먹을 조각을 먼저 고르는 거야. 오빠가 자르는 쪽을 선택해도 좋아." 만약 이러한 제안 하에서라면, 오빠는 케이크를 정확히 동일한 크기로 자를 수밖에 없을 것이다. 어느 한쪽을 크게 잘라 놓으면 동생이 그것을 먼저 가져갈 것이 분명하기 때문이다.

위 이야기는 '동등한 분배'라는 실질적 정의와 관계된 것임과 동시에 분배적 정의에 있어서 절차적 정의에 관한 논의가 필요함을 함축하고 있다. 이번 장에서는 절차적 정의에 관한 논의를 잠시 다룬 다음, 노직, 롤즈, 마르크스의 정의관을 비교해 봄으로써 이들 정의관과 관련된 국가의 역할 및 자유와 평등의 관계에 대한 고찰을 함께해 볼까 한다.

절차적
정의

실질적 정의에서 절차적 정의로

우리는 바로 앞 장에서 분배적 정의의 문제를 다루며, '자기의 몫'을 정하는 내용적 기준, 즉 실질적 정의에 관한 문제에 집중했다. 그러나 동등한 분배, 공적, 필요 등 어떠한 분배 기준도 피할 수 없는 단점을 가지고 있고, 더욱이 사회의 여러 영역에 획일적인 분배 기준을 적용하는 것이 각 영역의 역사적·문화적 고유성을 해치는 문제점을 초래한다는 사실도 살펴보았다.

그러나 그 대안으로 제시된 왈처의 다원적 정의론도 다음과 같은 난점을 수반한다. 첫째, 왈처의 주장대로 **사회 영역이 칼로 무베듯 구분할 수 있는 것은 아니라는 점**이다. 천상의 목소리를 가진 소프라노 조수미의 콘서트는 예술의 영역이면서 경제의 영역이기도 한 것처럼 말이다. 그녀가 〈명성황후〉라는 드라마의 주제가인 '나 가거든'을 클래식이 아닌 창법으로 불러서 엄청난 OST 앨

예술 영역이면서 경제 영역인 음악활동. 이처럼 사회를 구성하는 영역들은 칼로 무 베듯 구분할 수는 없다.

범 판매고를 올렸을 때, 그것을 예술의 영역과 경제의 영역 중 어느 한 영역에서의 분배 문제로만 다루는 것은 지극히 어려운 일일 것이다. 물론 예술과 경제는 존재의 영역에서는 혼합될 수밖에 없지만, 인식의 영역에서는 분리되어 고찰할 만한 충분한 필요성을 가지고 있다. 하지만 그렇다고 해서 두 영역의 존재론적 결합 상태가 부정될 수는 없는 것이다.

　둘째, 돈이란 원래 서로 다른 성질을 가진 재화와 용역을 매개해 주는 일종의 매체다. 쌀이 필요한 옷 판매자와 옷이 필요한 고기 판매자 사이에 옷의 거래를 가능하게 해 주는 것이 돈의 역할인 것처럼, **매체란 원래 서로 다른 성질을 가진 것들을 동일한 척도로 환원하여 교환하고 비교하게 해 주는 매개물의 역할을 하는 것**이다. 따라서 우리가 서로 다른 영역의 핵심 가치들의 **교환의 수단**[*]으로서의 돈의 역할을 부정적으로만 바라본다면, 조수미는 자신의 노래를 의식주와 교환하는 데 큰 불편함을 느낄 수밖에 없을 것이다. 물론 돈이 교환의 수단으로서 가지는 자율성이 커지

● **교환의 수단**
화폐의 네 가지 기능 중 하나. 일반적으로 화폐의 기능은 다음과 같은 네 가지가 있다. 첫째, 쌍방 간에 교환하고자 하는 물건이 일치하지 않을 때 교환의 수단으로서 사용되는 기능, 둘째, 재화나 용역을 사거나 빚을 갚을 때 지불의 수단으로서 사용되는 기능, 셋째, 물건의 가치를 비교하는 데 사용되는 가치 척도로서의 기능, 넷째, 미래를 위해 가치를 저장할 때 사용되는 부의 저장 수단으로서의 기능이다.

다 보면 성이나 우정과 같이 **돈으로 살 수 없는 것들**을 교환해 주는 부작용도 생기고 돈이 삶의 목적이 되어버리는, **목적과 수단의 전치현상**이 발생할 수도 있다. 그러나 돈이 다른 영역을 지배하는 것과 서로 다른 가치들의 교환의 수단으로서의 역할을 하는 것이 언제나 분명하게 구별될 수 있는 것은 아니다. 따라서 돈의 지배에 대한 무분별한 비판은 교환의 수단으로서의 돈의 편리한 기능마저 위축되게 하는 결과를 초래할 수 있다. 가령 조수미와 같은 유명한 성악가가 열심히 노래 연습을 하는 것은, 우선적으로는 예술적 성취를 위한 것이겠지만 더 많은 돈을 벌어 생활에 필요한 재화나 서비스를 획득하기 위한 것이기도 하다. 그런데 우리가 그녀의 노래가 돈을 벌기 위한 수단으로 전락할 가능성만을 우려하여 그녀의 노래와 다른 영역의 가치를 교환해 주는 돈의 역할을 비판하기만 한다면, 그것은 인간의 행위 동기의 복합성은 물론 인간의 생존을 위한 노력을 경시하는 결과를 초래한다는 말이다.

셋째, 사회의 여러 영역마다 핵심 가치와 분배 기준을 달리 고찰해야 한다는 명제가 유효함을 수긍한다 하더라도, 결국 **각 영역 내에서의 핵심 가치의 분배와 관련해서는 왈처가 비판하는 '단순 평등론'적인 논의가 여전히 유효하다는** 점이다. 한 영역의 핵심 가치를 분배하는 분배 기준이 공적이냐 필요냐 아니면 다른 무엇이냐에 대한 논의는 여전히 필요할 것이기 때문이다. (물론 그럴 경우 우리는 그러한 분배 기준들이 많은 문제점을 가진다는 사실에 또다시 직면하게 될 것이지만.)

이렇게 보면, 다양한 정의관의 충돌로 뾰족한 해결책이 보이지 않는 실질적 정의론에서 벗어나, 사람들이 저마다 가진 실질적 정의관이 무엇이든 그들 사이에 합의된 공정한 절차에 따라 사회적 희소가치를 분배하자는 절차적 정의관이 대두한 것도 충분한 이유가 있는 것 같다.

절차적 정의의 세 유형

롤즈는 절차적 정의를 **완전 절차적 정의**와 **불완전 절차적 정의** 그리고 **순수 절차적 정의**로 구분했다. **완전 절차적 정의**는, **독립적 기준**(즉 실질적 정의론에서의 분배 기준)이 따로 존재하고 또 그 기준을 완전히 충족시킬 절차가 보장될 때 성립한다. 케이크를 공정하게 나누는 방법에 관한 앞의 이야기에서 설명하였듯이 '케이크를 자른 사람이 나중에 케이크를 가져간다'라는 절차는 '동등한 분배'라는 독립적 기준을 완전히 충족시킨다.

　반면 **불완전 절차적 정의**는, 분배의 독립적 기준이 따로 존재하지만 그 기준을 충족시킬 수 있는 절차가 항상 보장되지는 않을 때 성립한다. 롤즈가 들고 있는 사례는 **형사재판**이다. 형사재판

 세 가지 유형의 절차적 정의

		독립적 기준의 존재	절차가 독립적 기준을 완전히 충족시킬 가능성
비순수 절차적 정의	완전 절차적 정의	O	O
	불완전 절차적 정의	O	×
순수 절차적 정의		×	—

에서는 실체적 진실을 발견하여 죄를 지은 사람에게는 유죄 판결을 내리고, 죄를 짓지 않은 사람에게는 무죄 판결을 내려야 한다는 독립적 기준이 존재한다. 하지만 어떠한 형사재판 절차도 오판을 내릴 가능성을 항상 가지고 있다. 따라서 이것은 불완전 절차적 정의의 한 사례가 된다.

한편 **순수 절차적 정의**는, 절차와 구분되는 **독립된 기준은 존재하지 않고** 절차가 공정하면 결과의 정당성도 인정되는 경우에 성립한다. 도박이나 야구 경기가 그 대표적 사례다. 가령 도박에서는 게임의 규칙만 공정하다면 누가 돈을 얼마나 땄는지 문제 삼지 않고 그 결과가 항상 정당화된다. 따라서 순수 절차적 정의에서 가장 중요한 내용은 절차 또는 규칙의 공정성이며, 바로 이러한 문제 때문에 **사전에** 공정한 규칙을 만들 필요성이 대두된다. (이 문제에 대해서는 1권 6장에서 이미 언급하였으므로 생략하기로 한다. 그러나 여러분은 반드시 이 내용을 복습하기 바란다.)

롤즈는 자신의 정의의 원리가 원초적 입장에서 공정한 절차에 의해 합의된 결과임을 강조함으로써 순수 절차적 정의를 지향하였다. 그러나 롤즈의 정의론도 알고 보면 **실질적 정의론**의 변형에 지나지 않는다. 무지의 베일을 쓰고 원초적 입장에 참가한 사람들을 한번 생각해 보라. 자신의 자연적·사회적 여건에 대해서 무지한, 그래서 아무런 개성도 없는 그 무수한 참가자들은 결국 한 사람, 즉 **롤즈 자신**일 뿐이다. 왜냐하면 자신만의 자연적·사회적 여건을 박탈당한 사람들은 생각과 태도를 달리하는 개성적이고 구체적인 인간이 아니므로 서로 다른 사람이라고 말할 수 없기 때문이다. 따라서 이들 사이의 합의란 결국 한 사람의 의견에 지나지 않으며, 이것은 롤즈 자신의 견해라고 볼 수밖에 없다. 그러므로 롤즈의 정의의 원리는 결국 롤즈 자신의 실질적 정의관에 다름 아닌 것이다. 이와 같은 사정은, 내용과 형식, 실질과 절차는 결코 완전히 구분될 수 없다는 평범한 진리를 우리에게 새삼 상기시켜 준다.

지금까지 우리는 정의의 핵심적 개념 요소와 분배적 정의에 있어서 실질적 정의 및 절차적 정의에 대해 살펴보았다. 다음에서는 노직, 롤즈, 마르크스의 정의관을 소개하거나 정리해 봄으로써 국가의 역할, 자유와 평등의 관계에 대해 고찰해 볼까 한다. 아래표는 이러한 여행의 길잡이가 될 간단한 이정표다.

노직, 롤즈, 마르크스의 정의관 비교

	이데올로기적 성향	국가관	자유와 평등의 관계	정의관
노직	극우	최소국가(야경국가)	자유 중시	소유권리론
롤즈	중도 좌파	복지국가	자유와 평등의 조화	공정으로서의 정의
마르크스	극좌	최대국가 / 국가의 소멸	평등 중시	계급적 정의관

노직의 정의관

소유권리론

로버트 노직●은 공적이나 필요와 같은 어떤 **정형화된 패턴**에 의한 분배는 **자유의 부당한 침해**를 가져올 것이라고 비판했다.(동등한 분배도 패턴에 의한 분배이므로 이에 대한 2장의 비판을 참고) 그리고 정당한 소유권을 보유할 권원(권리의 원천)이 있는지를 **역사적**으로 따져보는 정의론을 제시했다. 그의 소유권 정당화 이론, 즉 **소유권리론** (entitlement theory)을 간략히 요약하면 다음과 같다.

① 최초 취득(acquisition)의 정의 : 최초 취득에서의 정의 원리에 따라 소유물을 취득한 자는 그 소유물에 대한 권리가 있다.

② 이전(transfer)의 정의 : 이전에서의 정의 원리에 따라, 한 소유물에 대한 소유권이 있는 자로부터 소유물을 취득한 자는, 그것에 대한 소유권을 가진다.

③ 교정(rectification)의 원리: 어느 누구도 ①과 ②의 반복적 적용에 의하지 않고서는 그 소유물에 대한 권리가 없다.

① 에 대해서는 약간의 설명이 필요할 것 같다. 『통치론』의 저자 로크(John Locke, 1632~1704)에 따르면, 대지와 그에 속하는 부산물(즉 자연)은 인류의 공유자산이지만, 나의 소유인 **신체의 노동**을 혼입하면 자연의 일부에 대한 사유재산권이 성립한다. 즉 숲 속의 도토리는 원래 인류의 공유자산이지만 허리를 구부려 줍는 노동을 도토리에 혼입하면 도토리는 나의 소유가 된다는 것이다. 다만 로크는 그 경우에도 다른 사람에게 내가 가져간 것만큼 충분한 양을, 그리고 내가 가져간 것만큼 양질의 것을 남겨주어야 한다(enough and as good left for others)는 단서를 달았다. 다시 말하자면, 노동을 혼입하고 다른 사람의 상태를 악화시키지 않는다면 소유권의 획득은 정당화된다는 것이다. (『통치론』의 나머지 부분을 보면, 로크는 토지 소유와 관련하여 다른 사람을 위해 충분한 양을 남겨 두지 않은 경우에도 소유권을 옹호하는 듯한 태도를 보이지만, 여기서 그것에 대한 논의는 하지 않도록 하겠다.) 노직 역시 『아나키에서 유토피아로』에서 이러한 논리를 받아들이고 있다. 따라서 최초 취득의 정당화 논리는 두 가지다. 첫째 **노동을 혼입**할 것, 둘째 **로크적 단서**(Lockean proviso)를 지킬 것, 즉 다른 사람을 위해 양질의 것을 충분히 남겨 놓을 것.

②에 대해서도 잠시 살펴보자. ②의 요건은, 여러분이 소유권이 있는 자에게 정당한 대가를 지불하고(또는 그로부터 기증을 받아) 어떤 재화의 소유권을 이전받을 때 충족된다. 노직은 여기에도 로크적

단서를 확장하여 적용한다. 가령 **매점**(買占), 즉 가격이 오를 것을 대비한 사재기의 경우는, 비록 정당한 대가를 지불하였다고 해도, 다른 사람을 위해 충분히 남겨 두는 행위라고 볼 수 없는 것이다.

③은, 만약 ①, ②의 과정에서 어떤 하자가 있다면 교정이 필요하다는 요건이다. (노직은 이러한 논리에 기초하여 미국은 아메리카의 대부분을 인디언에게 반환해야 하는 것이 아닌가 하는 고민을 하기도 했다.) 이것은 결국 ①, ②의 요건을 충족시킨 경우라면 여러분은 지금 소유하고 있는 재화에 대하여 완전한 소유권을 가진다는 의미이기도 하다.

노직은 이렇게 역사적 관점에서 정당화된 소유권에 대해서는 국가가 재분배를 비롯한 어떠한 논리로도 이를 침해할 수 없다는 강경한 주장을 했다. 이를 더 자세히 이해하기 위해 최소국가(minimal state)에 대한 그의 주장을 살펴보기로 하자.

최소국가론

노직은 개인을 단순한 수단이 아닌 목적으로 대하라는 칸트적 관점을 철저히 관철시키면서, 그 어떤 행위도 생명, 자유, 재산과 같은 인간의 권리를 침해해서는 안 된다고 주장한다. 이와 같은 관점에서 보면, 국가는 권리 보호와 권리 침해에 대한 보상을 보증하는 한에서만 정당성을 갖는 것이기에, **최소국가**만이 정당화될 수 있다. 개인의 권리 보호를 위한 질서 유지 기능을 넘어선 **복지국가**는 강제적 재분배를 통해 개인이 갖는 자유와 권리를 침해하기 때문이다. 노직에 따르면, 복지를 위한 세금은 강요된 노동과 마찬가지다.

이러한 그의 국가관은 자연 상태로부터 최소국가가 출현하는 다음과 같은 가상적 상황에 대한 기술에서 잘 드러난다.

자연 상태에서 개인은 그 스스로 자신의 권리를 행사하고, 자신을 방어하며, 보상을 받아내고, 처벌할 수 있다. 일단의 개인들은 상호 보호협회들(mutual-protection associations)을 형성하여 한 사람이 자신의 권리를 보호하거나 행사하기 위해 도움을 요청하면 모두가 응하게 만들 수도 있다. 협동할 때 힘이 생긴다. 처음에는 여러 상이한 보호협회들이나 회사들이 동일한 지역에서 그들의 봉사를 제공할 것이다. 그러나 그들이 사건의 시비에 관해 다른 결론에 이르고, 한 회사는 그의 고객을 보호하려는 반면, 다른 회사는 그를 처벌하거나 보상을 하게끔 시도한다면 어떠한가? 고려의 대상이 될 만한 가능성들은 다음의 세 가지뿐이다.

① 그런 상황에서 두 협회는 힘으로 겨룬다. 그리고 그 하나가 항상 이긴다.
② 한 협회는 그의 지배력을 한 지역에 집중하고, 다른 협회는 다른 곳에 집중한다.
③ 두 협회가 팽팽한 실력으로 자주 싸운다. 그들은 비슷하게 이기고 지고 한다. 그들의 산재한 회원들은 자주 거래하며 자주 분쟁을 일으킨다. 어쨌건 두 협회는 빈번하며, 그 대가가 크고, 소모적인 전투를 피하기 위해, 아마도 간부직원을 통해서 그들이 상이한 판결에 이르는 그런 사건들을 평화적으로 해결하기로 합의한다. 그들은 그

들 각각의 결정이 다른 경우 판결을 의뢰할 수 있는 제3의 재판관이나 법정을 마련하고 그 결정에 따르기로 합의한다. 여러 상이한 협회가 영업을 하나. 통일된 하나의 연방적 사법조직이 존재하며 그 협회들은 이의 구성 요소들이다.

그러나 위에서 묘사된 **지배적 보호협회**는 국가가 아닌 것으로 보인다. 그 첫째 이유는 그 조직 안에 살면서도 지배적 보호협회에 가입하기를 거부하고. 권리가 침해되었는지의 여부를 스스로 판단하며, 그에 대한 처벌이나 보상을 자구하려는 개인(독립인)들이 존재할 수 있기 때문이다. 둘째는 지배적 보호협회도 수수료를 내지 않는 자에게 보호를 제공하지 않기 때문이다.

고전적 자유주의 이론에서 말하는 야경국가는 **재분배적**인 것처럼 보인다. 우리는 사적 보호협회와 야경국가 사이에 중간적 사회조직을 적어도 하나 상상할 수 있다. **야경국가**는 종종 **최소국가**(minimal state)라고 불리므로. 우리는 이 중간 조직을 **극소국가**(ultra – minimal state)라 부르겠다. 극소국가는 직접적인 자기방어에 필요한 것을 제외한 모든 권력의 사용에 있어서 독점권을 보유한다. 그래서 불의에 대한 사적인 보복과 보상의 징수를 허락하지 않는다. 또한 자신의 보호 및 집행 보험 증권을 구입하는 사람들에게만 보호와 집행의 서비스를 제공한다. 보호 계약을 체결하지 않는 사람들은 보호받지 못하는 것이다. 최소국가는 극소국가에. 조세수입으로 재정지원을 받는 명백히 재분배적인 프리드먼(Milton Friedman) 식의 보증서 제도가 덧붙여진 국가다. 모든 사람이나 일부의 사람들 – 예컨대, 곤궁한 사람들 – 에게 세금을 통해서 마련된 보증서가 주어지며, 이 증서는 그들이 극소국가로부터 보호 보험 증권을 구입할 때만 사용될 수 있다.

– 노직, 『아나키에서 유토피아로』

이 내용을 정리해 보면 다음과 같다. 1) 자연 상태에서 **보호협회**들이 생긴다. 2) 위에서 제시한 세 가지 양상으로, 일정한 지역 내에서 **지배적 보호협회**가 발생한다. 3) 지배적 보호협회는 독립인들에게 자력구제를 금지하고, 그 대가로 자기들의 보호 서비스를 그들에게도 제공함으로써 **극소국가**가 된다. 4) 극소국가가, 그 구성원 중에 돈이 없어 보호 서비스를 받지 못하는 사람들에게 조세 수입으로 재분배적 보호 서비스를 제공할 경우, **최소국가**가 된다.

이상에서 살펴본 소유권리론과 최소국가론을 종합하여 노직의 주장을 명제화해 보면 다음과 같다.

① 국가는 재화를 분배하는 원리가 아니라 자유의 상실에 대한 보상(보호 서비스의 제공)의 원리에 의해 정당화된다.

② 재화의 분배는 중앙기관의 활동 결과가 아니라 무수한 개인적 교환, 기증, 의사결정의 결과이므로 분배적 정의의 문제는 있을 수 없고, 보유상의 정의(소유의 정의)만이 문제가 될 뿐이다.

③ 최초 취득의 정의와 이전의 정의라는 요건을 충족시켜 정당하게 소유하고 있는 나의 재산에 대한 국가의 어떠한 간섭도 개인의 자유와 권리를 침해한다. (물론 질서 유지를 위한 세금은 낼 수 있다.)

노직에 대한 비판

노직의 이러한 주장에 대해서는 다음과 같은 비판이 가능하다.

첫째, 이전의 정의가 성립하려면 자유롭고 정당한 교환이 바탕이 되어야 하지만, 자본주의 사회에서 교환이 늘 자유롭고 정당한 것은 아니다. 근로 계약의 경우를 생각해 보자. 생산수단의 소유자인 자본가와 무산자 계급에 속하는 노동자 사이의 협상 능력의 차이는 노동과 임금의 정당한 교환을 어렵게 한다. 부정당한 교환은 생산물 시장에서도 나타난다. 판매자와 구매자 사이의 정보의 비대칭성이나 광고 및 중개업자의 개입은, 소비자가 재화나 용역의 사용가치에 비해 훨씬 높은 가격을 지불하게 한다. (낮은 화장품 원가를 생각해 보라.)

둘째, 세금이 강요된 노동이라는 견해는 경제적 자유와 신체 자유의 질적 차이를 무시하는 것이다. 또한 세금을 못 내겠다는 것은 개인의 수입에 대한 공동체의 공헌을 부정하는 것이다. (유통업자가 이익을 얻기 위해 종횡무진 달리는 도로는 세금에 의해 조성되었다는 사실을 생각해 보라.)

셋째, 노직은 개인의 자유와 권리 보호를 지상의 목표로 삼고 있지만, 복지 정책의 부재로 인한 지나친 경제적 불평등은 사회 갈등을 불러일으키고 사회적 협력의 조건을 와해시켜 가진 자의 자유와 권리가 침해받는 상황을 초래할 수 있다. (19세기 약탈적 자본주의 하에서의 사회 불안을 생각해 보라.)

넷째, 그의 소유권리론은 엄격히 실천만 된다면 부정부패가 없는 정의로운 사회를 이루는 데 대단히 큰 기여를 할 수 있겠지만,

현실적인 실현 가능성이 매우 약하다는 문제점이 있다. 특히 **인클로저 운동**●과 같은 **본원적 축적**●과 관련해서는 더욱 그렇다. (인디언에게 아메리카의 대부분을 돌려주거나 정당한 보상을 할 수 있는 현실적 방안이 있는 것일까? 또 그러한 방안이 있더라도 이를 실천할 수 있을까?)

물론 노직 이론이 갖는 장점도 없지는 않다. 국가의 주된 존재 이유가 개인의 자유와 권리의 보호에 있다는 계약론적 진리를 새삼 일깨워 준 점, 복지정책을 명목으로 무수한 세금을 걷었으면서도 빈곤의 문제를 해결한 국가가 지상에 없다는 사실을 깨닫게 해 준 점, 그리고 적어도 이론상으로는 부정축재의 문제점이나 교환의 공정성 등을 강조한 점 등이 그러한 장점에 속할 것이다.

● **인클로저 운동**
영국에서 16세기부터 시작된. 농경지를 모직산업용 목장으로 전환시켰던 운동을 말한다. 농경지에 울타리를 쳐서 타인의 출입을 억제한 데서 인클로저란 이름이 붙었다. 젠트리(소지주)나 부유한 요먼(자영농)이 앞장섰으며, 토지를 잃은 농민들은 도시로 몰려가 산업혁명의 바탕이 된 임금노동자로 전락하였다. 인클로저 운동을 두고, 토마스 모어는 『유토피아』에서 '양이 사람을 잡아먹는다'고 비판했다.

● **본원적 축적**
자본 축적이 금욕의 결과가 아니라, 인클로저 운동과 같은 기존 생산관계의 혁명적이고 광범위한 재조직에서 비롯되었음을 나타내기 위해 마르크스가 사용했던 말이다. 마르크스에 따르면, 금욕은 자본주의적 생산관계가 이미 존재하고 있는 경우에만 자본 축적을 가능하게 할 뿐이다. 이러한 관점에서 보면, 지적 재산권 제도의 도입도 일종의 본원적 축적의 한 형태라고 볼 수 있다.

롤즈의
정의관

롤즈의 정의관에 대해서는 이 책의 곳곳에서 언급하였으므로, 여기서는 이론의 전체적 골격을 그려 보고, 이 장의 주제와 관련된 함의만을 주의 깊게 살펴보고자 한다.

원초적 입장과 무지의 베일

롤즈는 정의가 무엇인가에 대해 사변적 답변을 내놓기보다는 공정한 절차에 의하여 합의된 것이 정의로운 것이라는 **순수 절차적 정의관**을 내세운다. 물론 한 사회의 현실 속에는 살인죄를 처벌하는 형법 규정과 같은 정의의 원리가 존재한다. 그러나 롤즈는 한 사회에 적용될 이상적인 정의의 원리를 도출하는 가상적인 사고 실험(thinking experiment)을 제안함으로써, 그렇게 도출된 정의의 원리를 불완전한 현실을 인도하는 모델로 삼고자 한다.

그러한 사고 실험에서는, 새로운 사회계약을 맺는 것과 흡사한 원초적 입장(original position)에서 **무지의 베일**을 가정한 공정한 절차를 통해 **자유롭고 평등하며 합리적인** 당사자들 사이에서 정의의 원리가 합의를 통해 도출된다.

여기서 **무지의 베일**의 가정은, 정의의 원리를 선택하는 당사자들이 자기를 둘러싼 자연적 여건(가령 키, 지능)과 사회적 여건(가령 자신이 속한 사회계급)에 대해 무지하다는 가정이다. 만약 이러한 내용들을 당사자가 알고 있을 경우 불공정한 합의가 도출될 수 있다. (가령 자신의 지능이 매우 높다는 것을 알고 있는 사람은 수월성을 중시하는 교육 제도를 안출하여 자신에게 유리한 합의를 도출하려 할 것이다.) 그래서 재능이나 사회적 지위 같은 우연적인 요소를 자신에게 유리한 쪽으로 이용하지 않는 가운데서 공정한 선택이 이루어질 수 있도록, 롤즈는 무지의 베일을 가정한 것이다.

그런데 무지의 베일을 단지 **절차를 공정하게 만들기 위한 조건**으로만 보지 않고 롤즈의 실질적 정의관을 표출한 것으로 생각할 경우, 그것은 다음과 같은 도덕철학적 함의를 가진다. "개인을 둘러싼 자연적 · 사회적 여건은 우연성에 의존하는 것이므로, 이에 기초하여 분배받은 사회적 희소가치는 도덕적으로 응분의 것이 아니다." 가령 타고난 용모를 기초로 좋은 직장을 얻는 것은, 타고난 장애인이 고통을 받는 것만큼이나 도덕적 정당성이 없는 것이다. 그러므로 천부적 자질과 같은 우연적 능력은 사회구성원의 **공동자산**으로 간주해야 한다. 이러한 롤즈의 입장에서는, 자신의 유리한 여건을 활용하여 높은 소득을 올린 사람에게 누진세를 부과하여 마련된 재원으로 불운한 여건 속에서 고통받는 최소수혜자들을 도와주는 **복지정책**은 정당화될 수 있다.

　이제 다시 원초적 입장이라는 가상적 상황으로 돌아가서 논의를 계속해 보자. 여기서 우리는, 무지의 베일의 가정으로부터, 합의 도출 과정에 참여한 당사자들이 **위험 회피적인 최소극대화** (maximin) 전략을 사용하게 된다는 점에 주목할 필요가 있다. 최소극대화 전략이란, 자신에게 주어진 대안들 각각이 가져올 최악의 결과를 고려한 다음, 그러한 최악의 결과 중에서 최선의 여건을 보장하는 대안을 선택하는 전략을 말한다. 롤즈는, 무지의 베일에 싸여 있기에 자신의 여건이 어떤 것인지 알 수 없는 불확실성 속에서, **합리적인●** 당사자라면 최소극대화 전략을 사용할 수밖에 없다고 보았다. 가령 자신이 (무지의 베일을 벗고 보면) 장애인이나 빈자일 수도 있는 최악의 경우를 가정한 당사자들은, 그러한 최악의 상황을 가장 좋게 만들어 줄 수 있는 대안, 즉 약자를 배려하는 정의의 원칙을 선택하게 된다는 것이다.

● 여기서 합리적이라 함은 계산적인 정도의 의미로 받아들이면 된다.

정의의 원리 (1): 일반적 정의관

앞에서 말한 가정(자유롭고 평등하며 합리적인 당사자와 무지의 베일)을 바탕으로 절차의 공정성을 확보한 합의 도출 과정을 통해, 여러분이 익히 알고 있는 정의의 두 원리(특수적 정의관)가 도출된다. 그것들을 살펴보기 전에 먼저 **일반적 정의관**을 소개하기로 한다.

　〔일반적 정의관〕
　불평등한 분배가 모든 사람에게 이익이 되지 않는 한, 사회적 가치

(자유, 소득, 부, 기회 등)는 평등하게 분배되어야 한다.
※ 물질적 생활수준이 충족되지 않은 상태를 전제로 함

　위의 일반적 정의관을 해석할 때 유의할 점이 있다. 그것은 불평등한 분배가 모든 사람에게 이익이 된다면, 사회적 가치는 불평등하게 분배될 수 있다는 것이다. 이때 **불평등하게 분배될 수 있는 사회적 가치에 자유가 포함**됨에 유념하라. 다음에 소개될 특수적 정의관에서는 기본적 자유의 불평등을 결코 허용하지 않음으로써, 자유를 소득이나 부와 같은 사회경제적 가치보다 우위에 둔다. 그러나 일반적 정의관에서는 자유의 우선성을 인정하지 않고 다른 사회적 가치들과 동등하게 다루는데, 여기서 '일반적'이라는 표현이 유래한 것으로 보인다. 어쨌든 일반적 정의관에 따르면, 모든 사람에게 이익이 될 경우 노예제도마저 인정하는 결과가 뒤따르게 된다. 매우 척박한 환경에 처해 있어 모든 이의 생존이 위기에 처한 사회에서라면, 노예에게 가혹한 노동을 부과해서라도 모두가 생존할 수 있다면, **노예제도마저 인정**할 수 있다는 논리가 성립하는 것이다.

　이러한 일반적 정의관의 논리는 **공리주의**를 연상시킨다. 공리주의자들 또한 최대다수의 최대행복을 위해서라면 소수자의 희생은 아랑곳하지 않을 수 있기 때문이다. 바로 이런 이유 때문에 롤즈의 『정의론』은 공리주의에 대한 비판에서부터 시작된다. 롤즈에 따르면, 공리주의는 사회구성원 전체의 행복의 합계만을 중시하기 때문에 각 개인의 존엄성과 권리를 무시하는 경우가 있다. 그러나 각 개인이 누려야 할 기본적 자유는 사회경제적 이익과 교환할 수 없는 우선성을 가진다. 따라서 롤즈는, 일반적 정의관을 고치고 다듬어 자유를 사회경제적 가치보다 우위에 두는, **특수적 정의관**에 기초한 정의의 원리를 아래와 같이 제시한다.

정의의 원리 (2) : 특수적 정의관

〔특수적 정의관〕

제1원리 (평등한 자유)

각자는 모든 다른 사람의 유사한 자유체계와 양립가능한 평등한 기본적 자유의 가장 광범위한 전체체계에 대한 평등한 권리를 가져야 한다.

제2원리

사회적·경제적 불평등은 다음 두 가지 조건을 만족시키도록 편성되어야 한다.

(2-a) 정의로운 저축원리와 양립하면서 최소수혜자에게 최대이득이 되도록. (차등원리)

(2-b) 공정한 기회의 평등이라는 조건 하에서 모든 사람에게 열려 있는 직무와 지위에만 수반되도록. (공정한 기회의 균등 원칙)

※ 일정한 경제적 수준을 전제로 함

먼저 제1원리에서, 사상, 양심, 언론, 집회, 보통선거의 자유, 개인재산을 소지할 자유 등은 기본적 자유에 포함된다. 그러나 생산재의 사유, 자신의 생산물을 점유할 자유(가령 현대자동차를 생산한 노동자가 그 차를 점유할 자유) 및 상속의 자유는 배제된다. 아무튼 제1원리를 통해 롤즈는 **기본적 자유의 평등**을 천명함으로써, 자유가 소득이나 부, 기회와 같은 사회경제적 가치에 우선함을 강조하고 있는 것이다.

그러나 롤즈는 제2원리를 통해 **사회경제적 가치의 분배에 있어서의 불평등**은 인정하고 있다. 이것은 사회구성원 사이에 현실적으로 존재하는 차이를 인정함과 동시에 **사회적 효율성**을 고려하고 있기 때문이다. 그러나 롤즈는, 사회경제적 불평등을 인정하려면 먼저 공정한 기회를 균등히 주어야 하고(2-b), 또한 그렇게 하는 것이 최소수혜자에게 최대이익이 되도록 함으로써(2-a), **사회경제적 평등** 또한 지향하고 있다. 차등원리(2-a)에 따르면, 재화를 분배할 때 부자에게 더 주는 것이 정당화되는 경우는 그럼으로써 가장 못사는 사람들의 처지가 개선될 경우뿐이고, 그렇지 않은 경우라면 최소수혜자에게 재화를 분배해야 한다는 것이다. 엄격한 평등주의가 부자를 끌어내림으로써 평등을 달성하고자 함에 반하여, 롤즈의 이론은 가난한 사람을 끌어올려서 평등을 지향하고자 함에 그 특징이 있는 것이다.

첨언할 것은, (2-a) 원리의 앞부분에 있는 '정의로운 저축원리와 양립하면서'라는 단서는 미래세대를 위한 윤리와 관련된다는 것이다. 그러나 이는 제1장에서 충분히 설명하였으므로 여기서는 생략하기로 한다.

롤즈에 대한 비판

롤즈의 정의론은, 기본적 자유의 우선성을 강조하면서도 그것의 평등을 도모하고(제1원리), 사회경제적 불평등을 인정하면서도 기회의 균등이나 사회경제적 평등을 도모함으로써(제2원리), **자유와 평등을 조화**시킨 비범한 이론이다. 더구나 차등원리는 **복지국가**의 철학적 기반까지 제공해 주고 있다.

그러나 롤즈의 정의관에 대한 엄청난 관심만큼이나 그의 이론에 대한 비판도 헤아릴 수 없을 만큼 많다. 여기서는 그러한 비판 중에서 중요한 몇 가지만 소개하고자 한다.

첫째는 그의 정의관이 **순수 절차적 정의관**이 아니라는 비판이다. 앞서 말한 대로, 무지의 베일 하에서의 합의는 한 사람, 즉 롤즈 자신의 의견에 지나지 않으므로 롤즈의 정의관은 결국 롤즈 자신의 실질적 정의관에 불과하다.

둘째는 원초적 입장에 선 당사자들은 **무지의 베일을 쓰고 공정한 선택을 하는 사람들**이어야 한다는 가정에 대한 비판이다. 가령 원초적 입장에 선 당사자들이 최대다수의 최대행복을 도모하는 '공평한 관찰자'라고 가정해도 안 될 이유는 없다고 보인다.

셋째는 합리적 인간들이라면 무지의 베일 하에서 **최소극대화 전략을 택할 것**이라는 롤즈의 주장에 대한 비판이다. (자기이익을 계산한다는 의미에서의) 합리적 인간 중에는 위험 중립적이거나 위험 선호적인 선택을 내리는 사람도 많기 때문이다. (고스톱을 칠 때 '못 먹어도 고'를 외치는 사람들을 생각해 보라!)

넷째는 롤즈가 **사회경제적 불평등**을 인정하고 있는 이상, 기본적 자유의 평등은 온전히 실현되기 어렵다는 비판이다. 유전무죄 무전유죄의 현실을 생각해 본다면 이를 쉽게 이해할 수 있을 것이다.

다섯째는 '최소수혜자에게 최대이익이 되도록'이라는 조건만 만족시킨다면 **사회경제적 불평등의 폭**이 아무리 커져도 이를 제어할 방법이 없다는 비판이다. 이를테면 누진세의 적용을 통해 복지정책을 펴는 것만이 최소수혜자에게 최대이익이 되는 사회가 있다고 가정해 보자. 그리고 이 사회에서는 누진세를 적용하더라도 부유층과 최소수혜자들의 소득격차가 엄청나게 커서 사회적 협력의 유인이 거의 없다고 가정해 보자. 이런 경우에 롤즈의 차등원리는 경제적 불평등에 면죄부를 주는 역할을 하는 것에 그치고 만다는 비판을 면할 수 없다.

마르크스의 정의관

현실 사회주의가 붕괴되거나 그 문제점이 고스란히 드러난 이 시대에 마르크스주의에 대하여 지나치게 깊이 공부하는 것이 선뜻 합당하다고 생각되지는 않는다. 더구나 앞 장에서 『공산당 선언』의 일부를 배우기도 했고, 이 책의 다른 부분에서도 마르크스주의에 대해 간간이 학습했으므로, 이하에서는 이 장의 주제와 관련된 몇 가지 사항만을 생각해 보도록 하자.

마르크스가 정의에 대해 체계적으로 언급한 바는 없다. 다만 그는 다분히 사변적인 노직이나 롤즈와는 달리 **우리 삶의 역사적·사회적 조건**과 밀접히 연관된 사고를 하였으므로, 그의 정의관도 불의한 사회적 현실에 대한 반작용에서 태동했을 것임은 분명하다. 마르크스는 역사를 **계급투쟁**의 관점에서 보았고, 그가 살았던 시대가 **부르주아가 프롤레타리아를 심하게 착취**하던 19세기의 악명 높은 자본주의 시대였으므로, 그의 정의관을 **계급적 정**

의관이라고 불러도 무방할 것이다. 앞 장에서 기술한 대로, 마르크스는 억압받는 프롤레타리아 계급의 사회주의 혁명을 예견하였는데, 낮은 단계의 공산주의 사회에서는 **국가와 계급이 소멸**된 먼 미래의 (완성된) 공산주의 사회가 도래할 때까지 **프롤레타리아 독재국가**가 필요하다고 보았다.

　따라서 마르크스의 국가관은 한편으로는 **최대국가**(프롤레타리아 독재국가)에 대한 것이고, 다른 한편으로는 **국가의 소멸**(무정부)에 관한 것이다. 그리고 그의 자유와 평등에 관한 관점은, 한편으로는 **평등을 위한 자유의 억압**(프롤레타리아 독재국가)에 대한 것이고, 다른 한편으로는 **완전한 자유와 평등**(아침에는 사냥하고, 낮에는 물고기를 잡고, 늦은 오후에는 가축을 몰고, 저녁식사 뒤에는 비평을 하는 삶)에 관한 것이다.

개념 다지기

❶ '돈의 지배'에 대한 비판에 대해 항변해 보시오.

❷ 절차적 정의의 세 유형에 대해 설명해 보시오.

❸ 롤즈의 정의관이 순수 절차적 정의관이라고 할 수 있는지 말해 보시오.

❹ 노직의 소유권리론에 대해 비판해 보시오.

❺ 노직의 최소국가론에 대해 비판해 보시오.

❻ 롤즈의 무지의 베일을 실질적 정의와 절차적 정의의 관점에서 각각 설명하시오.

❼ 롤즈의 일반적 정의관과 특수적 정의관의 차이는 무엇인가?

_____

_____

_____

_____

❽ 롤즈의 관점에서 공리주의를 비판해 보시오.

_____

_____

_____

_____

❾ 롤즈의 정의관을 비판해 보시오.

_____

_____

_____

_____

⑩ 자유와 평등의 관계에 대해 노직, 롤즈, 마르크스의 입장을 비교하시오.

⑪ 국가의 역할에 대해 노직, 롤즈, 마르크스의 입장을 비교하시오.

논·구술 기출문제

1. 제3회 서울대 논리논술 경시: 자유와 평등이 상호 충돌할 때 조화시킬 수 있는 방안
2. 2005 동국대 수시1 논술: 정의로운 사회를 구현하기 위한 평등의 원리와 차등의 원리
3. 2006 서울대 정시 논술: 경쟁의 공정성과 경쟁 결과의 정당성
4. 2007 중앙대 수시1 논술: 우리 사회가 가장 비중 있게 추구해야 할 평등의 개념
5. 2007 건국대 수시2: 자유와 평등의 관점에서 주어진 문제의 해결 방안 제시
6. 2011 성신여대 수시1 논술: 노직 vs 롤즈
7. 2013 숭실대 모의논술: 복지국가
8. 2004 이화여대 수시1 구술: 평등의 현대적 의미
9. 200X 서울대 수시 구술: 채용 조건으로 용모를 우선시하는 것에 대한 입장

나는 당신의 의견에 반대한다.
그러나 그것을 주장하는 권리는 내 목숨을 걸고 지킬 것이다.

·· 볼테르 ··

제4장
언론과
공론장

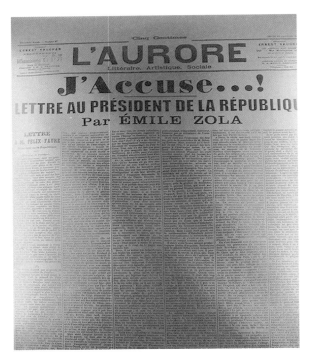

《로호르》 1면을 장식한 에밀 졸라의 고발문

왼쪽 사진은 프랑스의 소설가 에밀 졸라(Émile Zola, 1840~1902)의 〈나는 고발한다!〉라는 제목의 《로호르》 기고문이다. 이는 19세기 말 프랑스를 뒤흔들었던 드레퓌스 사건●의 와중에서 진실의 편에 선 자들의 승리를 이끌어 낸 기폭제가 되었다. 허위의 편에 선 자들의 반유대주의적 정서 때문에 훗날 팔레스타인 분쟁의 불씨가 된 시오니즘 운동●을 촉발하기도 했던 이 사건에 대해, 졸라는 다음과 같이 규탄하였다.

" 국익, 그것이 법을 위반할 힘이 있습니까? 만약 그렇다면 법에 관해 말하지 마십시오. 자의적인 권력이 법을 대신할 것입니다. 오늘 그것은 드레퓌스를 치고 있지만 내일은 다른 사람을 칠 것이며, 국익은 이성을 잃은 채 공공의 이익이라는 명분 아래 반대자를 비웃으며 쓸어버릴 것입니다. 군중은 겁에 질린 채 쳐다만 볼 것입니다. 정권이 국익을 내세우기 시작하면 쳐다만 볼 것입니다. 그것은 모든 것에 대한 답변을 준비하고 있습니다. 그것은 사람과 사람의 차이를 허용하지도 감내하지도 않을 것입니다. 만약 그것이 드레퓌스에게 적용된다면, 다른 누구에 대해서도 적용될 게 분명합니다. 새 시대의 동이 터올 때, 대혁명이 보여준 첫 행동은 국익의 저 거대한 요새, 바스티유를 쳐부수는 것입니다. "

위의 고발문에서 졸라가 비판하고 있는 대상은 국익이 아니다. 그가 비판하고 있는 것은 국익으로 가장한 정치권력의 자의적 전횡과 그에 휘둘리는 여론이다. 법과 정의를 어기고 소수자를 차별하는 정치권력과 거기에 조종 당하는 우매한 대중에 맞섰던 졸라, 그리고 그의 고발문을 과감하게 1면에 게재했던 《로호르》는, 정론(正論)을 생명으로 하는 언

● 드레퓌스 사건
1894년 유대계 프랑스인인 드레퓌스 육군 대위는 독일 대사관에 군사기밀을 유출했다는 혐의로 체포되어 종신금고형을 선고받았다. 이듬해 이 문제를 조사하던 육군 참모본부의 피카르 중령이 에스테라치 소령이 진짜 스파이임을 감지하고 이를 상부에 알렸으나 결국 튀니지로 전출당하고 말았다. 피카르는 한 변호사에게 진상을 알렸고, 이를 계기로 이 사건은 뜨거운 정치적 이슈가 되었으나 반유대주의 진영의 음모로 에스테라치는 무죄를 선고받았다. 이에 에밀 졸라는 〈나는 고발한다!〉라는 기사를 로호르에 기고하였고, 진실의 편에 선 사람들의 구명 운동 덕분에 마침내 드레퓌스는 대통령 특별사면을 받아 석방되었다.

● 시오니즘 운동
전 세계에 흩어져 있던 유대인들이 자신들의 선조의 땅인 팔레스타인에 유대인 민족국가를 건설하려던 운동을 말한다.

론의 자유의 진수를 잘 보여 준다. 그러나 현대 우리 사회의 언론은 이와 유사하지만은 않은 것 같다. 자신의 이익에만 집착하는 정치권력과 자본, 언론기업의 상업화, 그리고 대중의 탈정치화는 우리 사회 언론의 현주소를 만들어 낸 장본인들이다. 이번 장에서는 이러한 문제의식을 가지고 언론을 둘러싼 여러 가지 쟁점들을 함께 고찰해 볼까 한다.

언론의
　　　자유

기본권의 체계와 언론의 자유

언론과 관련하여 우리가 일상생활에서 가장 빈번히 듣게 되는 말은 **언론의 자유**다. 그러나 그것이 정확히 무엇을 의미하는지 모르고 사용하는 경우가 대부분이다. 따라서 이번 절에서는 기본권의 체계 속에서 언론의 자유가 어떠한 위치를 차지하고 있는지 확인해 봄으로써, 언론에 대한 여러 쟁점을 다루기 위한 방향감각을 확실히 잡고자 한다.

근대 계몽사상가들은 인간은 태어날 때부터 양도하거나 빼앗길 수 없는 권리를 가진다고 보았다. 이것을 **천부인권**(天賦人權)이라고 하는데, 이 말에는 인간의 자유와 권리는 국가 성립 이전에 존재하는 초실정법적(超實定法的)인 것이어서 국가에 의해서도 침해될 수 없다는 의미가 함축되어 있다. 따라서 국가는 이러한 천부적이고 초국가적인 인권을 실정법에 의해 보장할 의무를 지는 데, 그러한 의무를 이행함으로써 국가가 헌법을 통해 문서화한 자유와 권리의 목록을 **기본권**이라고 부른다.

기본권에는 **자유권**, **평등권**, **참정권**, **사회권** 및 이러한 기본권이 국가나 타인에 의해 침해되었을 때 구제받을 수 있는 권리인 **청구권**이 있다는 것 정도는 여러분도 알고 있으리라 생각된다. 그리고 상기한 다섯 개의 기본권 중에서, **자유권**은 사상, 양심, 종교, 학문과 예술의 자유 등 **정신의 자유**를 포함하는 것이 일반적이다. 그런데 이러한 정신적 자유권이 만약 **내심(內心)의 자유**에 그치고 만다면, 내가 가진 생각에서 가치 있는 부분을 타인에게 전달하거나 타인의 생각에서 가치 있는 부분을 발견하여 내 생각의 오류를 시정할 수 있는 가능성은 봉쇄되고 말 것이다. 이러한 상황은 개인의 삶의 주체성과 다양성을 훼손시킬 뿐만 아니라,

기본권의 체계와 언론의 자유

		사상의 자유	내심의 자유	표현의 자유	언론 · 출판의 자유
자유권	정신의 자유	양심의 자유			
		종교의 자유			집회 · 결사의 자유
		학문과 예술의 자유			
	신체의 자유				
	경제적 자유권				
	사생활의 비밀과 자유				
평등권					
참정권					
사회권					
청구권					

민주적 토양 위에서 여론이 형성되고 도덕적 자율성 및 종교, 학문, 예술의 수준이 제고될 수 있는 사회적 기회를 상실하는 결과를 초래한다. 따라서 내심의 자유는 **표현의 자유**를 수반할 때만 형해화(形骸化, 형식만 있고 가치나 의미는 없는 것)되지 않을 수 있다는 것은 너무나 분명한 사실이다.

이러한 표현의 자유에는, **매체**●를 이용해 어떠한 사실이나 그 사실에 관한 자신의 평가적 의사를 표현하고 전파하는 **언론의 자유**●와 '**집단적**' 표현의 특수성을 보장해 주는 **집회·결사의 자유**가 있다.

그런데 언론을 의사소통과 동의어로 간주할 경우, 우리는 언론의 자유를 '**발신자 → 매체 → 수신자**'의 순서를 거치는 과정으로 이해할 수 있다. 이 중에서 **발신자**는 다양한 매체를 통해 말, 글, 그림, 상징 등의 형태로 자신의 의사를 표현할 자유를 누리는 주체다. 한편 의사표현의 매개물을 의미하는 **매체**는, 신문과 방송 그리고 인터넷으로 대변되는 **대중매체의 자유**라는 문제를 우리에게 환기시킨다. 취재, 편집, 보도, 전파(신문 배달 또는 방송국의 중계탑 설치 등) 그리고 광고의 자유가 이 문제에 포함된다. 또한 **수신자**의 경우에는 **알권리**의 문제를 우리에게 환기시킨다. 특히 민주주의가 원활히 작동하려면 **여론**의 형성을 통해 국정을 감시하고 견제하는 일이 중요한데, 여론이 형성되기 위해서는 국민이 국정에 관한 **사실**(fact)을 알아야 하고, 그러기 위해서는 **알권리**가 보장될 필요가 있기 때문이다. 발신자의 의사표현의 자유는 이번 장 전체에 걸친 주제로 다루어질 것이고, 대중매체의 자유에 대하여

● **매체**
의사소통과 언론의 도구가 되는 매체는 음성언어, 문자언어(필사), 활판인쇄술, 전자매체 등의 순서로 발전해 왔다. 활판인쇄술은 책은 물론 신문과 잡지의 출현을 낳아 대중매체의 시대를 도래하게 하였다. 한편 라디오, TV 등의 전자매체의 출현은 전파범위에 있어서 비약적 확장을 가져왔으나, 일방향성을 띤다는 한계를 완전히 극복하진 못하였다. 그런 의미에서 최근 쌍방향성을 띠는 인터넷의 출현은 언론의 자유에 있어서 새로운 가능성과 문제점을 던져 주고 있다.

● **언론의 자유**
근대사회를 형성하는 데 큰 역할을 했던 활판인쇄술의 중요성을 강조하여 '언론·출판의 자유'라고도 한다.

는 언론기업에 대해 논의할 때 집중적으로 거론될 것이므로, 여기서는 알권리에 대해서만 간략히 고찰하고 다음 절로 넘어가기로 한다.

알권리

알권리(right to know)란 국민이 자유롭게 정보를 **수령, 수집**하거나 공공기관에 **정보공개를 청구**할 수 있는 권리를 말한다. 표현의 자유(=언론 · 출판 · 집회 · 결사의 자유)를 누리기 위해서는 사실관계에 대한 정보를 알고 이에 대한 평가적 의사를 형성하는 것이 전제되어야 한다. 따라서 사실관계에 대한 정보를 자유롭게 획득할 수 있는 알권리의 보장 없이는 언론의 자유도 있을 수 없다. 특히 국민의 대표가 국민의 의사를 제대로 반영하지 못하는 **대의제의 위기**가 만연한 작금의 현실에서는, 국민이 여론 형성을 통해 국정에 대한 민주적 통제를 가하기 위해 알권리의 보장이 반드시 필요하다. 이러한 국민의 알권리를 충족시키기 위해서는 취재와 보도를 전문적으로 담당하는 언론기업 또는 **대중매체의 자유**가 보장되어야 함은 두말할 나위도 없다.

물론 알권리가 보장된다는 것은 법으로 **금지되지 않은** 정보의 원천에 대한 접근만이 보장된다는 의미다. **사생활 침해의 소지**가 있는 타인의 주거에 대한 알권리나 국가기밀에 대한 알권리는 원칙적으로 인정될 수 없다.

다만 국가기밀을 이유로 **정부가 자신에게 불리한 정보에 대한 접근을 금지하는 것**은 막아야 한다. 그러기 위해서는 어떤 정보가 국가기밀로서의 조건을 충족시키는지를 국민의 대표인 국회의원에 의해 검증할 수 있는 제도적 장치를 마련할 필요가 있다. 이때 국회의원들은, 국가기밀로서의 조건이 충족되는 것으로 확인된 정보에 대해서는 비밀을 유지할 의무를 다하되, 그렇지 못한 정보에 대해 국민의 알권리를 충족시키기 위해 이를 공개해야 할 것이다.

위키리크스

국가기밀을 이유로 한 국가의 정보공개 거부와 관련하여 우리가 관심을 가져야 할 것 중 하나는, **가쓰라-태프트 밀약**●처럼 강대국이 국익의 추구를 목적으로 약소국 **국민의 삶을 농락하는 전횡**을 숨기기 위해 외교문서를 비롯한 국가기밀의 공개를 거부하는 경우다. 이 문제와 관련된 최근의 국제적 이슈는 인터넷 폭로 전문 사이트인 **위키리크스**●의 각국 국가기밀 공개다. 그 대표적인

● **가쓰라-태프트 밀약**

1905년 7월 미국 대통령 시어도어 루스벨트(Theodore Roosevelt)의 특사인 육군장관 윌리엄 태프트(William Taft)와 일본의 총리 가쓰라 다로(桂太郎)가 도쿄에서 맺은 밀약이다. 그 핵심 내용은 미국이 일본의 조선 지배를 묵인하는 대신, 일본은 필리핀을 침략하지 않겠다는 약속이었다. 또 일본은 1902년 1월에 맺은 제1차 영일동맹에 이어, 1905년 8월 제2차 영일동맹을 맺음으로써 영국으로부터도 일본의 조선에 대한 보호권을 인정받았다. 이를 토대로 일본은 1905년 9월 미국의 중재로 러일전쟁을 종결하는 포츠머스조약을 체결하였다. 가쓰라-태프트 밀약은 미국 존스홉킨스대의 타일러 데넷(Tyler Dennett) 교수가 1924년 미국 의회도서관의 루스벨트 서한집에서 발견함으로써 세상에 알려지게 되었다.

● **위키리크스**(WikiLeaks)

호주 출신 저널리스트 줄리안 어센지(Julian Assange)가 2006년 12월 설립한 내부고발 전문 인터넷 언론매체다. 2010년 시프르넷(Siprnet)으로 불리는 미 국방부의 정보망에서 유출된 미국의 외교 전문(電文)을 전격 공개하면서 전 세계를 경악하게 했다. 시프르넷은 국방부와 국무부의 정보 장벽 때문에 9·11 테러를 사전에 차단하지 못했다는 비판이 제기된 뒤 두 부처 사이의 정보 공유를 위해 만들어진 시스템인데, 이로부터 유출된 내용들은 미국 정부가 반기문 유엔 사무총장을 비롯한 유엔 고위직들에 대한 정보 수집 활동을 벌여왔다는 사실 등에서부터 각국 지도자들의 사생활까지 매우 다양하다. 위키리크스는 '세계 안보를 위협하는 공공의 적'이라는 평가도 받고 있지만, 줄리안 어센지는 "내부고발자와 언론인들이 감춰진 정보를 대중에게 공개하도록 돕는 국제적 공공서비스"라는 주장을 굽히지 않고 있으며, 전 세계 자원봉사자들의 그에 대한 지원도 끊이지 않고 있다.

사례는, 이라크에서 정보 분석 요원으로 활동했던 미군 브래들리 매닝 일등병이 아파치 헬기가 로이터 사진기자를 포함한 민간인 11명을 공격해 숨지게 한 동영상 등을 위키리크스에 누설한 것이다. (결국 그는 35년의 징역형을 선고받았다.)

우리는 위키리크스 사태에서 '**국가의 신화**'에 대한 민주주의적 도전과 안보에 대한 국제적 위협을 동시에 목격한다. 무분별한 국가기밀의 공개가 테러리스트들에게 공격의 표적을 제공해 주는 등 안보에 대한 국제적 위협을 초래하는 것은 사실이다. 그러나 국가가 국민의 생명과 자유, 재산을 보호하기 위해 존립하는 것인 이상, 다른 나라 특히 약소국 국민의 생명과 자유, 재산을 함부로 파괴하는 행위가 정당화될 수는 없다는 점도 부인할 수 없다. 그럼에도 국가가 일으키는 전쟁과 살상이 국익의 이름으로 묶이는 이유는 국가는 신성한 것이라는 '국가의 신화'가 사라지지 않고 있기 때문이다. 따라서 위키리크스의 세련되지 못한 도전은, 인터넷을 통해 구축된 세계시민주의의 정신 하에서 전통적 국익의 협소함과 야만성을 넘어 세계시민의 자유와 권리라는 관점에서 각국의 진정한 국익을 모색하려는 민주주의적 시도로 보아야 한다. 물론 국가기밀의 보호는 필요하다. 그러나 국가기밀이라는 미명 하에 자행되어 온 정치권력의 독재와 약소국에 대한 침략행위가 더는 묵인되어서는 안 되며, 이를 막기 위해선 세계시민의 알권리가 충족되어야 한다는 교훈을 위키리크스가 보여주고 있다는 것만큼은 분명한 사실이다.

자유주의 언론관

지금까지 우리는 기본권의 체계를 바탕으로 언론의 자유라는 말의 의미를 생각해 보았다. 그런데 서구의 역사에서 언론의 자유를 기본권의 하나로 받아들인 데는 **자유주의 언론관**을 가진 사람들의 투쟁이 큰 역할을 했다. 자유주의 언론관을 대표하는 인물로는, 국교인 성공회의 청교도 탄압에 맞서 종교와 사상의 자유를 부르짖었던 17세기 영국의 시인 **존 밀턴**(John Milton, 1608~1674)과 여론에 반해 또는 여론을 이용해 사상과 토론의 자유를 구속하는 정치권력의 정당성을 부정했던 19세기 영국의 공리주의자 **존 스튜어트 밀**(John Stuart Mill, 1806~1873)이 있다.

밀턴은 진리와 허위가 싸우면 논증의 힘을 통해 진리가 승리할 것임에도 불구하고, 허위를 억제한다는 구실로 정부가 언론을 검열한다면 진리조차 위축되는 결과를 초래할 뿐이라고 주장했다. 또한 존 스튜어트 밀은 오류가능성을 가진 인간이 타인과 진리를 공동으로 탐구하기 위해서, 또는 옳은 견해라고 할지라도 합리적 논쟁을 통해서만 생명력을 유지할 수 있다는 이유로 사상과 토론의 자유를 옹호하였다. 정부의 간섭으로부터 벗어난 사상과 언론의 자유를 강조했던 그들의 주장은 **경제적 자유방임주의**의 사상적 등가물이었다. 아래의 두 인용문을 읽고 두 사람의 자유주의 언론관을 직접 체득하기 바란다.

> 진리의 오묘함을 보라. 진리는 특정한 논리나 사고의 방법에 묶여 있을 때보다 자유롭고 자율적일 때 더 빨리 자신을 드러낸다. (…) 그리고 모든 교의(敎義)의 온갖 소리가 이 땅에 활개치고 다닐 수 있게 풀려나 있다 할지라도 진리 역시 그들과 함께 그곳에 있다. 그러므로 허가와 금지로 진리의 힘을 의심하는 것은 해로운 일이다. 진리와 허위가 맞붙어 논쟁하게 하라. 누가 자유롭고 공개적인 대결에서 진리가 불리하게 되는 것을 본 적이 있는가. 진리를 향한 논박이 허위를 억제하는 가장 확실하고 좋은 방법이다.
>
> ─존 밀턴, 『아레오파지티카』

우리는 지금까지 네 가지 분명한 이유 때문에 다른 의견을 가질 자유와 그것을 표현할 수 있는 자유가 인간의 정신적 복리를 위해 중요하다는 사실을 확인했다. 그 내용을 다시 한 번 간단히 정리해 보자.

첫째, 침묵을 강요받는 모든 의견은, 그것이 어떤 의견인지 우리가 확실히 알 수는 없다 할지라도, 진리일 가능성이 있다. 이 사실을 부인하면 우리 자신이 절대적으로 옳음(infallibility)을 전제하는 셈이

된다.

둘째, 침묵을 강요받는 의견이 틀린 것이라 하더라도, 그것은 일정 부분 진리를 담고 있을지도 모른다. 실제로 그런 일은 매우 흔하다. 어떤 문제에 관한 것이든 통설이나 다수의 의견이 전적으로 옳은 경우는 드물거나 아예 없다. 따라서 대립하는 의견들을 서로 충돌하게 하는 것만이 나머지 진리를 찾을 수 있는 유일한 방법이다.

셋째, 통설이 진리일 뿐만 아니라 전적으로 옳은 것이라고 하더라도, 어렵고 진지하게 시험을 받지 않으면 그것을 받아들이는 사람 대부분은 그 진리의 합리적 근거를 그다지 이해하지도 느끼지도 못한 채 그저 하나의 편견과 같은 것으로만 간직하게 될 것이다.

넷째, 그 주장의 의미 자체가 실종되거나 퇴색되면서 사람들의 성격과 행동에 큰 영향을 미치지 못하게 될 것이다. 선(善)을 위해 아무런 영향도 미치지 못하는 하나의 헛된 독단적 구호로 전락하면서, 이성이나 개인적 경험에서 그 어떤 강력하고 진실한 확신이 자라나는 것을 방해하고 가로막게 된다는 것이다.

－존 스튜어트 밀, 『자유론』

사상과 표현의 자유를 주장하는 존 스튜어트 밀의 셋째, 넷째 논거에 대해서는 **천안문 사태**가 이해에 도움을 주는 훌륭한 사례가 될 것이다. 1989년에 일어난 천안문 사태는, 덩샤오핑(鄧小平, 1904~1997)이 주도하던 개혁개방 노선이 경제적 개혁에 수반되는 자본주의적 병폐(심각한 인플레이션과 빈부격차 확대)와 정치적 개혁의 미진(권위주의와 부정부패)이라는 문제점을 초래한 데 불만을 품은

급진세력이 천안문 광장에서 민주화를 요구하는 시위를 벌이다 무력으로 진압된 사건을 말한다.

　이 사건을 진압한 중국의 강경보수파 세력은 시위 군중에 대한 발포를 명령하며 이를 '한 줌의 유혈'에 지나지 않는다고 말했다고 한다. 열악한 군사력을 가지고 국민당 및 일본 제국주의와 맞서 싸우며 1930년대 **대장정**(大長征)의 과업을 완수했던 이들에게는, 학생들을 비롯한 민주화 세력은 공산혁명의 정신이라는 진리를 알지도 못하는 어리석은 자들로 생각되었을 것임에 틀림없다. 얼마나 많은 피와 눈물로 지금의 체제를 완성한 것인데, 그러한 역사도 모르고 편안히 자란 세대들이 감히 이 체제에 도전한다는 말인가? 그러나 그들이 옹호하는 체제가 설혹 진리라고 할지라도, 밀에 따르면, 진지하게 시험받지 못하는 진리는 새로운 세대들에게는 생명력 없는 죽은피에 불과하고 따라서 그들의 생각과 행동에 아무런 영향력을 발휘할 수 없다는 것이다. 이는 성실과 근면함으로 자수성가한 부모가 풍요로운 환경 속에서 성장하는 자식에게 아무리 자신이 터득한 진리를 설파해도 '소 귀에 경 읽기'가 되는 것과 마찬가지다.

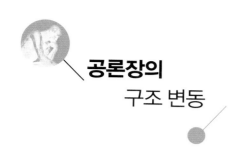

공론장의
구조 변동

자유주의 언론관은 **정치권력**만이 언론 자유의 적이었던 시대에는 타당성에 의문의 여지가 없는 언론관이었다. 그러나 시민사회 내에서 경제적 불평등이 심화되고 경제권력을 장악한 자본가들이 정치권력을 자신들의 충실한 대변자로 만드는 시대가 도래하면서 **경제권력**, 즉 **자본**이 언론 자유의 새로운 적으로 등장한다. 따라서 이러한 시대에는 자유주의 언론관도 더는 완전한 타당성을 주장할 수 없게 되었다. 왜냐하면 언론 자유의 핵심 주체인 매스미디어의 경우, 정치권력의 외압뿐만 아니라 광고 협찬을 무기로 하는 자본의 압력, 그리고 이윤 극대화를 추구하는 경영진의 압력으로부터 자유롭기 어려운 상황에 놓였기 때문이다. 이러한 역사적 흐름을 잘 포착한 것이 **하버마스**(Habermas, 1929~)의 『**공론장의 구조 변동**』인데, 이하에서는 그의 주장을 중심으로 **공론장**(公論場＝public sphere＝공공영역)의 성장과 쇠퇴에 대해 알아 봄으로써, 우

리 시대에 바람직한 언론의 역할이 무엇인지 생각할 기회를 갖고
자 한다.

공론장의 출현

전형적인 사회계약설에 따르면, 자연 상태에서 타인의 폭력으로
부터 자신의 생명, 자유, 재산을 지키는 데 어려움을 겪을 수밖에
없는 사람들은 사회계약을 맺어 국가와 시민사회를 구성함으로
써 질서 있는 사회 상태에서 살아가게 된다. 이때 **국가**는 제도적
폭력을 독점하여 공권력을 행사하는 (협의의) **공적 영역**이며, 시민
사회는 경제활동을 중심으로 사인(私人) 간의 상호작용이 일어나
는 사적 영역이다. 그런데 하버마스에 따르면, 18~19세기 영국
에서 자본주의의 발전과 더불어 시민사회 내부에 **공론장**이 출현
하게 된다.

과거에는 봉건적 사회관계를 찬양하는 성직자와 왕실에 의해
공적인 삶이 지배되었다. 그러나 신흥자본가들이 축적된 부를 바
탕으로 극장, 카페, 소설 등 '**교양**'의 세계로 진출함에 따라, 전통
적인 권력으로부터 분리된 비판의 영역이 시민사회 내에 형성되
기 시작했다. 카페와 같은 공간에서 일상적 삶에 대한 그들의 대
화는 점차 국가의 정책에 대한 토론과 논쟁으로 바뀌어 갔던 것
이다. 한편 시장의 성장은 **의회**를 새로이 탄생하고 있던 공론장
의 확고한 중심으로 만들었다.● 의회 내에서 언론의 자유를 신장
함으로써 국가의 반(反)시장적 정책을 견제하고 시장경제의 지속
적인 확산을 더욱 효과적으로 지원할 수 있었기 때문이다.● 18세

● 여기서 여러분은 의회가
'국가'에 속하지 아니하고 시
민사회의 공론장에 속한다는
사실을 의아하게 생각할지도
모르겠다. 그러나 정당정치와
내각책임제의 정착으로 '왕은
군림하나 통치하지 않는다'는
원칙이 확고해지기 전까지,
의회는 국가의 일부라기보다
시민의 대표들이 모인 공론
장이었다고 보는 것이 타당
할 것이다.

기 중반에 **핸서드**(Hansard: 영국 의회 의사록)가 만들어져 의회에서의 의사진행에 관한 정확한 기록을 남기게 된 것도 이와 관련된 것이었다. 더불어 《타임즈The Times of London》와 같은 **거대 일간지**와 다수의 **잡지**가 출현하여 정치적인 문제를 논의하는 매체로 자리 잡았으며, **공적 집회와 정치적 결사** 또한 빈번히 발생하였다.

이러한 발전의 결과는 **공론장**, 보다 정확히 말하자면 '**부르주아 공론장**'의 형성이었는데, 그 주요한 특징은 완전한 보도, 공개적 논쟁, 국가의 통제나 조야한 경제적 이해관계로부터의 자율성, 무엇보다도 **공중**(the public)**의 비판적 합리성**이었다.

공론장의 쇠퇴

그러나 하버마스는 19세기에서 20세기로 넘어가는 시기에 공론장의 일부가 '**재봉건화**(再封建化)'되는 역설적인 모습을 보이기 시작한다고 비판한다. 그 첫째 이유는 **자본계급의 완전한 승리**다. 자본가들은 국가의 개혁에 대한 요구로부터 나아가 **국가를 인수**하고 그것을 자신들의 목적을 달성하는 데 사용하는 단계에 이르렀다. 정당에 대한 기업의 정치자금 지원, 의원들에 대한 체계적인 로비 등이 확대됨으로써 공론장은 공중의 비판적 합리성을 발현하는 장으로서의 자율성을 점차 잃어버리고 자본의 이해관계를 대변하게 된 것이다.

둘째 이유는 **대중매체** 자체가 **독점적 자본주의 조직**으로 변모하였다는 사실이다. 대중매체가 이윤 극대화를 추구하는 상업주의적 기업으로 변화함에 따라, 그 기능도 여론 형성의 바탕이 되는

● 가령 곡물법의 폐지를 의회에서 설파했던 리카도의 경우를 생각해 보라. 값싼 외국산 곡물의 수입을 금지하는 곡물법은 지주에게는 유리했지만, 높은 곡가에 비례하는 높은 임금을 지불해야 했던 자본가에게는 불리한 것이었다. 의회 내에서의 언론의 자유에 기초한 곡물법 폐지 투쟁은, 의회가 시장경제의 지속적 확산을 위해 이바지하는 공론장이었음을 잘 보여준다.

정보의 제공에서 **여론**의 '**형성**'으로 바뀌게 되었다. 대중매체를 소유한 언론기업은 광고수입을 극대화하고자 반(反)기업적, 반(反)자본주의적 프로그램을 제작하지 않을 뿐만 아니라, 시청률을 극대화하기 위해 내용이 없는 액션물 제작, 선정주의, 사건의 개인화, 현대적 생활양식에 대한 찬미 등에 매달리게 된 것이다.

이러한 공론장의 재봉건화는, **광고 논리**와 **국정홍보 논리**의 침투에 의해 공론장이 정교한 여론 조작의 장으로 타락하여 비판적 합리성을 상실하였다는 것을 의미한다. 이는 **보통선거권**으로 말미암아 출현한 대중이, 재산과 교양을 가진 동질적 집단인 공중과는 달리, 합리성이 결여된 이질적 집단에 지나지 않았다는 사실과도 무관하지 않다.

언론기업의 이중적 지위와
정론의 적들

이상의 내용을 토대로 볼 때, 대중매체 또는 이를 소유한 언론기업은 언론의 자유를 위해 우리 사회에서 어떠한 역할을 수행해야 하는 것일까? 이는 대중매체의 자유는 물론 언론 보도를 바탕으로 여론을 형성하는 (발신자로서의) 국민 개개인의 언론의 자유와도 관련되는 대단히 중요한 질문이다.

먼저 우리는 **언론기업의 이중성**에 주목해야 한다. 언론기업은 이윤을 추구하는 **상업성**을 띠면서도, 국민의 **알권리**를 충족시켜 **여론**을 형성하는 데 기여하는 **공공성**을 띤다는 점에서 여타의 영리기업들과 구분된다. 따라서 언론기업이 공공성을 수호하기 위한 정론(正論)을 펴기 위해서는 **정치권력**과 **자본**으로부터 그에 상응하는 **자율성**을 확보할 필요가 있다.

이러한 관점에서 보았을 때 우리 사회 언론기업의 현실은 어떠한가? 우선 정치권력의 언론기업에 대한 직 · 간접적 통제는 민

● 민영 미디어렙

미디어렙(media represen-
tative)이란 방송사의 위탁을
받아 광고주(기업)에게 광고
를 판매해 주고 판매대행 수
수료를 받는 기업이다. 이것
은 방송사가 광고를 얻기 위
해 광고주한테 압력을 가하
거나, 자본인 광고주가 광
고를 빌미로 방송사한테 영
향을 끼치는 것을 막아주
는 장점이 있다. 우리나라
의 경우 2012년 이전에는
KOBACO의 지상파 방송 광
고대행 독점 체제였으나, 그
이후로는 여기에 한 개의 민
영 미디어렙이 더해진 복점
체제로 운영되고 있다. 과거
의 KOBACO 독점 체제는 인
기 프로그램의 광고와 비인
기 프로그램 및 군소 방송사
의 광고까지 패키지로 판매
하는 연계판매 방식을 통해
방송의 상업화를 어느 정도
제어할 수 있었으나, 광고주
나 방송에 대한 정치권력의
통제력 또한 강화한다는 비
판을 면할 수 없었다. 한편 민
영 미디어렙의 도입은 정치권
력의 입김을 줄이는 데는 기
여하지만, 방송의 상업화를
부추긴다는 문제점을 안고
있다.

주화의 진행으로 점차 줄어들고 있지만, 아직까지 그 위력은 건재하다. (지난 몇 해 동안 이슈가 된 MBC 사태에 대해 생각해 보라.) 여기에 자본에 의한 공론장의 쇠퇴는 갈수록 심각한 지경에 이르고 있다. 민영 방송 및 신문사는 물론 정부가 대주주인 언론기업조차도 그 수입의 대부분을 광고에 의존하고 있다는 점에서, 자본의 논리가 언론 자유의 족쇄가 되는 것은 자본주의 체제 하에서는 어쩌면 불가피한 현상인지도 모른다.

그러나 조금만 지혜를 짜내면 언론기업의 공공성을 수호할 방안은 얼마든지 찾을 수 있다. 우선 광고 논리를 견제하기 위해 공영 방송 또는 신문사(가령 KBS나 서울신문)의 광고 폐지를 검토해 볼 필요가 있다. 시청료나 구독료에 의한 운영이 충분하지 않다면 세금으로 운영비를 충당하는 방안도 생각해 볼 수 있을 것이다. (물론 그러기 위해서는 이에 대한 국민의 지지를 얻어야 한다. 지금처럼 정치적 독립성을 확보하지도 못한 KBS가 수신료를 한전의 전기요금과 함께 청구하는 방법은 문제가 있다.) 공영 방송이 불가피하게 광고를 해야 하는 경우라면, **한국방송광고진흥공사**(KOBACO, 이전에는 한국방송광고공사였으나 **민영 미디어렙**●의 도입과 더불어 명칭을 바꿈)의 기능을 재정비하여 공익성 있는 프로그램에 광고를 더욱 많이 할당할 수 있도록 노력해야 한다. 이러한 원칙은 그 정도는 다르다 할지라도 광고의 자유가 주어진 민영 방송에 대해서도 적용하는 것이 마땅하다. 단, 정부가 전액 출자한 한국방송광고진흥공사의 이러한 권능이 광고를 매개로 한 정권의 언론 길들이기 수단으로 악용되어서는 안 될 것이다.

한편 **국정홍보 논리**의 견제를 위해서는 민주적 시민의식의 향상 이외의 방도는 없다. 공익을 추구하는 정통성 있는 대표를 선출하여 그들로 하여금 언론 장악이나 국정홍보 논리를 단념케 하는 것은 물론, 광고 논리로부터 언론기업의 공공성을 수호하는 정책들을 시행하게끔 해야 한다. 이런 맥락에서, 미디어렙 법안을 두고서 민영 미디어렙의 도입에 반대했던 사람들의 견해가, 정치권력이 광고 논리로부터 방송의 공공성을 보호하는 수단이 될 수 있다는 믿음에 기초해 있었다는 것은 의미심장하다.

아울러 시민단체와 시민 개개인은 언론기업에 대한 모니터링을 철저히 함으로써 그들이 국정홍보 논리와 광고 논리의 수렁에 빠지지 않도록 여러 가지 지원과 견제를 병행해야 할 것이다.

자유주의에서
사회적 책임으로

이상에서 보았듯이 언론의 자유를 위한 막대한 사명을 띠고 있는 언론기업은 정치권력으로부터 자율성을 획득하여 공정한 보도를 해야 할 의무도 있지만, 자신의 사회적 책임을 자각하고 스스로의 이윤 추구에 대해서 일정한 한계를 설정함으로써 경영진이나 광고주(기업)의 영향력으로부터 벗어나야 할 의무도 있다. 따라서 현 시대에 요구되는 언론관은 정치권력으로부터의 독립만을 의미하는 **자유주의**에 그쳐서는 안 되고, 언론기업 스스로의 **자율적 규제**를 토대로 한 **사회적 책임 이론**이 적합한 것이라고 생각된다. 자유주의만으로는 **경제적 불평등**에서 오는 의사소통, 즉 언론의 왜곡을 막을 수 없고, 경제적 이익만을 추구하도록 강요하는 자본주의 체제 하에서 공익 실현을 위한 성찰적 자세를 확보하기 어렵기 때문이다.

다음 표에는 시버트(Sibert), 피터슨(Peterson), 슈람(Schramm)이 제

시한 언론의 4대 이론이 소개되어 있다. 이 장에서 배운 내용을 마무리하는 의미에서 천천히 음미해 보기를 바란다.

 언론의 4대 이론

1. 권위주의 이론	언론은 정치권력에 의해서 결정되고 수행되는 정부의 정책을 지지하고 발전시켜야 한다는 이론
2. 공산주의 이론	언론은 착취를 정당화하고 억압 구조를 은폐하는 자본주의의 논리를 따라서는 안 되고, 사회주의 혁명을 완수하기 위한 역할에 충실해야 한다는 이론
3. 자유주의 이론	언론은 진리와 허위가 싸우면 진리가 승리한다는 믿음을 토대로 정부의 제약으로부터 벗어나 자유로운 사상의 시장으로서의 역할을 다해야 한다는 이론
4. 사회적 책임 이론	정치적·경제적으로 거대해진 언론이 자신의 이익만을 추구하기보다는 정부로부터 자유로우면서도 국민에 대한 책임을 지기 위해 노력해야 한다는 이론

뉴미디어 시대의
언론의 자유

뉴미디어란 인터넷, 휴대전화, 디지털 위성TV 등 정보통신 기술의 발전을 통해 새로이 출현한 매체들을 일컫는 말이다. 지난 세기에 **마샬 맥루한**(Marshall McLuhan, 1911~1980)이 매체가 우리의 삶과 사회를 혁명적으로 바꾼다는 점에 주목하여 '**미디어는 메시지다**'라는 말을 했듯이, 뉴미디어의 출현은 현대인의 삶과 사회를 획기적으로 바꾸어 우리의 정체성에 큰 동요를 불러일으키고 있다.

뉴미디어는 민주주의와 언론의 자유에 있어서도 새로운 가능성과 한계를 동시에 던져 주고 있는데, 그 모든 양상을 체계적이고 심도 있게 다루는 것은 이 책의 역량을 벗어난 문제다. 따라서 이 책에서는 뉴미디어가 언론의 자유와 관련하여 제기할 수 있는 새로운 고민거리들을 열거하는 것으로 이 문제를 대신하고자 한다. 여러분은 뉴미디어와 관련된 뉴스 보도를 접할 때마다 아래에서 제기된 문제의식들을 가지고 자신의 생각을 가꾸어 나가면 좋을 것이다.

① 뉴미디어의 발전은 **공적 영역**(국가 혹은 공론장)과 **사적 영역의 경계**를 허물어뜨리는 경향이 있다. 가령 트위터를 사용한 선거 후보자에 대한 평가 발언은, 과거에는 지인들 사이의 사적 대화에 불과하던 일을 선거 운동이라는 공적 영역의 문제로 전환시킬 수 있다. 공직선거법 33조에 따른 선거운동기간은, 대통령선거 23일, 국회의원선거와 지방자치단체의 의회의원 및 장의 선거 14일이다. 그런데 이 기간 이전에 팔로어가 많은 트위터 사용자의 선거 후보자에 대한 평가 발언은 불법 선거운동으로 간주될 여지가 있어 언론의 자유와의 충돌이 발생할 수 있다.

② 일부 정당에서 채택한 바 있는 ARS(자동응답장치) 모바일 투표는 **선거의 4대 원칙**을 위반할 소지가 있다. 휴대전화의 특성상 대리인에 의한 투표가 가능하여 **직접선거**의 원칙을 위반하게 되며, 그 대리인이 미성년자인 경우 **보통선거**의 원칙을 위반하게 된다. 또한 투표 행위를 다른 사람들 앞에서 하거나 누구를 선택했는지 기술적으로 확인할 수 있는 경우 **비밀선거**의 원칙도 위반하게 된다. 그리고 동일인이 여러 사람의 휴대전화를 통해 여러 번 모바일 투표를 한 경우 **평등선거**의 원칙도 위반하게 된다. 선거 참여가 자신의 정치적 의사를 표현하는 언론의 자유에 해당된다는 점에서, 이는 뉴미디어 시대 언론의 자유 문제로 간주

될 수 있는 것이다.

③ 뉴미디어 시대에는 **통신과 방송이 융합**되는 경향이 있다. 통신이란 전신, 전화처럼 매체를 이용해 정보나 의사를 전달하는 행위를 말하는데, 가령 휴대전화를 이용한 VOD●로 방송국의 뉴스 보도를 시청할 경우 통신과 방송의 구분이 모호해지는 경향이 발생한다. 이는 방송의 송출시간과 시청자의 시청 가능 시간이 불일치하는 경우에도 시청자가 추후에 언제든지 뉴스 보도를 접할 수 있게 함으로써, 시청자의 알권리를 충족시키는 데 도움을 준다. 그러나 시청자의 정치적 성향이나 기호에 따라 선택적으로만 수신하는 경향을 강화시킴으로써, 자신의 신념에 반하는 정보나 의사를 회피하게 하여 합리적 토론에 기초한 여론의 형성을 방해하는 측면도 있다.

④ 선거일에 **트위터를 이용한 투표 참여 촉구**는 시민의 정치적 권리 행사를 장려한다는 점에서 긍정적인 측면이 있다. 그러나 특정 매체를 소유한 사람들의 연령대와 그들의 유사한 정치적 성향을 감안할 때 민의를 왜곡하는 부작용을 초래할 수도 있다.

⑤ 인터넷 상의 행위를 규제하는 기술적 시스템으로 **조닝**(zoning)과 **필터링**(filtering)이 있는데, 이러한 시스템들은 나와 다른 의견 또는 그러한 의견을 가진 사람들과의 접촉을 차단함으로써 진정한 여론의 형성을 방해할 수 있다.

● **VOD**(video on demand)
사용자가 필요로 하는 영상을 원하는 시간에 제공해 주는 맞춤영상정보 서비스.

조닝이란 유저의 자격에 따라 네트를 구분하는 방식을 말하는데, 예를 들면 성인 인증을 받지 않으면 어떤 사이트에 접근할 수 없는 방식과 같은 것을 말한다. 만약 어떤 포털 사이트의 인터넷 카페에 회원가입을 하지 않고서는 정보를 공유하거나 의견을 교환할 수 없다면, 개방적이고 합리적인 공론의 형성은 어렵게 될 것이다.

　한편 필터링이란 인터넷 사이트의 특성에 따라 네트를 구분하는 방식이다. '이 사이트는 몇 점, 저 사이트는 몇 점' 하는 식으로 그 내용에 따라 특수한 채점을 하여, 유저의 요구에 따라 특정한 점수의 사이트만을 보여 주는 시스템이다. 실시간 인기검색어나 파워 블로거 등이 이러한 방식을 채용한 사례다. 그러나 이러한 시스템은, 유저로 하여금 동일한 URL(uniform resource locator, 웹 문서의 각종 서비스를 제공하는 서버들에 있는 파일의 위치를 표시하는 표준)에 접속하고서도 자신의 취향이나 요구에 따라 서로 다른 정보를 얻게끔 함으로써, 인터넷 공간을 사적 공간으로 만들어 공통된 정보에 기초한 공론의 형성을 가로막을 수 있다.

개념 다지기

❶ 기본권의 체계 속에서 언론의 자유가 차지하는 위치에 대해 말해 보시오.

❷ 알권리가 민주주의의 실현에 있어서 중요한 이유를 말해 보시오.

❸ 위키리크스의 국가기밀 폭로에 대한 자신의 생각을 말해 보시오.

❹ 밀턴의 자유주의 언론관에 대해 말해 보시오.

❺ 밀이 사상과 표현의 자유를 강조한 이유가 무엇인지 말해 보시오.

❻ 하버마스에 따르면 부르주아 공론장이 탄생하게 된 이유와 그것의 기능은 무엇인가?

❼ 하버마스에 따르면 부르주아 공론장이 재봉건화된 이유는 무엇인가?

❽ 언론기업이 공공성을 추구하는 데 있어서 방해 요인은 무엇인가?

❾ 민영 미디어렙 도입에 대한 자신의 생각을 말해 보시오.

⑩ 언론의 4대 이론을 말하고 우리 시대에 가장 적합한 이론이 무엇인지 설명하시오.

_____

_____

_____

_____

⑪ 뉴미디어가 민주주의와 언론의 자유에 대하여 제기하는 문제들을 열거하고 그에 대한 자신의 생각을 말해 보시오.

_____

_____

_____

논·구술 기출문제 ------------------------------------

1. 2007 성균관대 수시2 논술: 미디어 제국주의
2. 2008 연세대 수시 논술: 설득의 세 수단과 언론 매체
3. 2009 연세대 모의논술: 사실과 가치판단, 언론의 '대량학살'이라는 용어 사용
4. 2010 연세대 수시2 논술: 정보의 공개성
5. 2010 숙명여대 수시2 논술: 공론장, 조닝과 필터링
6. 2013 고려대 논술 모의고사: 언론 보도의 객관성과 해석 공동체
7. 2003 서울대 수시 구술: 자유주의 언론관과 심의 여론조사
8. 2012 서울대 수시 사회대 구술: 방송과 통신의 구별
9. 2013 서울대 수시 사회대 구술: SNS와 정치적 성향
10. 2014 서울대 수시 사회대 구술: SNS와 투표율

자유란 너의 자의(恣意)와 나의 자의가 공존할 수 있는 조건이다.

•• 칸트 ••

제 5 장
자유의지와
자유

마카오의 리스보아 호텔 야경

과거 포르투갈령(領)이었던 중국의 **마카오**와 미국의 라스베이거스의 공통점은 도박과 유흥의 도시라는 점이다. 이중에서도 마카오는 수입 규모에서 라스베이거스의 4배를 넘는다고 하니, 단연코 세계 최고의 도박 도시라고 부를 만하다. 지금 마카오는 일상적 삶에서 벗어나 자유를 만끽하려는 여행객들과, 한탕으로 인생역전을 노리는 수많은 도박꾼이 모여 들어 불야성을 이루고 있다 한다. 그리고 그중에는 상당수의 한국인 여행자와 도박꾼도 존재하여, 마카오에서 한국어 안내 표지를 보는 것은 어렵지 않은 일이라고 한다. 이쯤 되면 중화인민공화국 마카오 특별행정구를 자본주의적 자유의 꽃이라고 불러도 과언이 아닐 것이다.

마카오에 관한 위 이야기는 자유에 대한 수많은 질문을 제기한다. 일반적으로 자유란 다른 사람의 간섭 없이 스스로 하고자 하는 일을 할 수 있다는 의미에서의 **소극적 자유**를 지칭한다. 그러나 마카오에서 도박 중독에 빠져 인생을 탕진하고 있는 사람이 과연 자유로운 것일까? 그는 오히려 인간 내부의 자연(自然)이라고 할 수 있는 **충동**의 노예는 아닐까? 그리고 마카오에 갈 수 없는 가난한 서민들에게 자유는 있는 것일까? 즉 자유라는 것이 **자원**(resources) 없이는 누릴 수 없는 것이라면, 자유란 결국 경제력의 문제에 지나지 않는 것은 아닌가? 또한 카지노 설립자가 벌어들이는 천문학적 소득이 전 재산을 탕진하고 자살한 사람들의 삶과 무관한 것이 아니라면, 자유란 결국 **사회구조(카지노)의 설계자**가 우리에게 제공하는 **선택지**에 불과한 것은 아닐까? 이번 장에서는 이러한 문제들에 대해 고찰해 봄으로써, 감상적 구호에 그치기 쉬운 자유의 사회적 함의에 대해 사색해 볼까 한다.

자유의지

자유(freedom)에 관한 본격적인 논의를 하기에 앞서, 자유와 자유의지 사이의 개념적 차이를 분명히 할 필요가 있다. **자유의지**(free will)란 인간이 자신의 의사결정과 행동을 스스로 통제할 수 있는 능력을 의미한다. 인간이 이러한 자유의지를 전적으로 가지느냐, 전혀 가지지 못하느냐, 부분적으로 가지느냐에 대하여 오랫동안 신학적, 철학적, 과학적 논쟁이 있어 왔다. 인간이 전적으로 자유의지를 가진다는 입장을 **자유의지론**이라고 한다면, 전혀 가지지 못한다는 입장을 **결정론**(determinism)이라고 할 수 있다. 이 두 입장은 자유의지와 결정론 사이의 양립불가능성에 기초해 있기에 **양립불가능성론**(incompatibilism)이라고 불리는 한편, 인간이 부분적으로 자유의지를 가질 수 있다는 입장은 둘의 양립가능성을 전제로 하기에 **양립가능성론**(compatibilism)이라고 불린다.

자유의지와 자유

자유의지와 자유를 구분하는 가장 분명한 기준은, **자유의지**에 관한 논의가 인간이 선택의 자유를 가지는가에 대한 **형이상학**적 논의라면, **자유**에 관한 논의는 인간의 **사회적 관계**에 대한 논의라는 점이다. 가령 북한의 김정은 정권에 의해 숙청당한 **장성택** 국방위원회 부위원장의 경우를 생각해 보자. 남로당의 일인자 **박헌영**을 김일성이 숙청했던 것을 떠올려 보면, 북한 같은 독재국가에서 김정은이 자신의 고모부인 장성택을 숙청하는 것은 어렵지 않은 일일 것이다. 우리는 여기서 설명의 편의상, 심복들이 총살당한 상태에서 자신 또한 그러한 운명에 처해질 것이라는 사실을 모른 채 가택연금 상태에 놓이게 된 장성택을 생각해 보자. 그가 자유의지론을 신봉하는 인물이었다고 가정한다면, 그는 자신의 의사결정이나 행위가 자신의 **자유의지**에 따라 이루어진다고 굳게 믿었겠지만, 그럼에도 불구하고 김정은이라는 외부적 힘에 의해 자신의 **자유**를 일시적으로 침해당하고 있다고 생각했을 것이다.

이때 김정은에 의해 제압당한 장성택에겐 자유의지가 없었던 것이 아니냐는 반론이 있을 수 있다. 그러나 김정은에게 가택연금을 당하는 것이 미리 결정되어 있는 일이며, 장차 그가 재기에 성공하건 숙청당하건 이 또한 미리 결정되어 있는 일이라고 장성택이 믿었던 것이 아닌 한, 장성택의 관점에선 자유의지가 있었다고 봄이 옳다. 즉 그는 여전히 자유의지가 있다고 믿고 있었음에도 불구하고, 사회적 관계 속에서 자신의 자유를 일시적으로 억압당하고 있다고 생각했을 것이라는 말이다.

이 사례에서 알 수 있듯이, 자유란 사회적 관계 속에서 획득되거나 향유되고 억압되는 것인 반면, 자유의지란 스스로의 선택에 따라 의사결정과 행위를 할 수 있는 의지에 대한 형이상학적 믿음이다. 자유의지에 관한 논의가 형이상학적 논의라는 것은, 신학적, 철학적 논쟁에서뿐만 아니라 과학적 논쟁에서도 마찬가지다. 어떠한 과학적 연구 결과도 현미경을 통해 세포를 관찰하듯 자유의지의 존재를 경험적으로 관찰할 수는 없기 때문이다.

자유의지와 결정론

다음으로는 종교적, 철학적, 과학적 관점에서 자유의지에 관한 논의가 어떤 모습을 띠고 있는가를 간략히 검토해 보기로 한다.

❶ 종교적 관점

먼저 검토해 볼 내용은 **펠라기우스**●와 **아우구스티누스**●의 신학적 논쟁이다. **펠라기우스**는, 인간에게는 선을 택하고 악을 뿌리칠 수 있는 **자유의지**가 신의 은총에 의해 주어졌으며, 아담의 후손인 인간들은 이러한 자유의지에 의해 악을 피하고 선을 행함으로써 선악과를 먹은 아담의 죄로부터 벗어날 수 있다고 주장하였다. 이러한 그의 주장은 신의 은총이 인간의 선행에 대한 상급(賞給)으로 해석될 여지를 주어, 반대자들로부터 자유의지만을 강조하고 결국 신의 은총을 부정하는 것이라는 비판을 받았다. 반면 **아우구스티누스**는, 아담의 죄는 생식행위에 의해 후손에게 유전되어 모든 인간을 오염시켰기에, 인간이 스스로 선을 택하고 악을 뿌리칠 수

● **펠라기우스**(Pelagius, 354~418)
4세기 중엽 영국에서 태어나 법률을 공부하기 위해 로마로 갔으나 기독교인이 되어 수도 생활을 하였다. 금욕적이고 도덕적으로 엄숙한 그의 삶의 방식은 큰 존경을 받았으나, 자유의지를 강조하는 그의 견해는 아우구스티누스로부터 논박을 받았으며 종교회의를 통해 이단으로 규정되었다.

● **아우구스티누스**
(Augustinus, 354~430)
354년 북아프리카에서 태어나 430년에 사망한, 초기 교회의 대표적인 교부다. 교부철학과 신플라톤 철학을 종합하여 가톨릭 교의의 이론적 토대를 닦았다. 세계는 신의 이데아에 따라 창조된 것이고, 인간은 원죄로 인해 악을 행할 자유만을 가질 뿐이며, 구원은 오로지 교회가 매개하는 신의 은총에 의해서만 가능하고, 누가 구원의 대상이 되는가는 신에 의해 예정되어 있다고 주장하였다. 주저로는 『고백록』과 『신국론』이 있다.

있는 가능성은 없으며 오로지 신의 은총에 의해서만 구원받을 수 있다고 주장하였다. 이러한 그의 주장은 인간(아담)의 자유의지가 원죄(原罪)의 씨앗이라는 사실과 더불어 은총의 무상성(無償性)을 강조하고, 은총을 사실상 부정하는 극단적인 자유의지론에 대해 이의를 제기하는 것이었다.

여기서 우리가 관심을 가져야 할 것은, 두 사람 중 어느 누구의 주장이 옳은가 하는 것보다 어느 누구도 자유의지를 근원적으로 부정하고 있지는 않다는 사실이다. (즉 펠라기우스는 자유의지를, 아우구스티누스는 신의 은총을 더 강조하고 있다는 점에서 다를 뿐이다.) 이렇게 **기독교의 인간관**이 인간의 **자유의지**를 전제로 하고 있는 것은, 인간의 종교적·도덕적 특성을 강조함으로써 신이 인간을 특별한 존재로 창조했다는 것을 말하기 위함이다. 선악과와 자유의지가 없는 에덴동산은 선악의 구분이 없는 자연 상태이며, 그 속에 살고 있는 인간은 들판의 사자와 마찬가지로 생존기계에 지나지 않을 것이다. 선악과가 있음으로 해서 인간은 자유의지에 기초하여 선을 택하고 악을 배척할 수 있는 **종교적·도덕적 존재**가 될 수 있다. 그리고 바로 이러한 점에서 인간은 다른 동식물과 구별되는 **존엄한 성격**을 갖는다는 말과, 예수가 인간을 무척이나 사랑했다는 말의 근본적 의미를 이해할 수 있는 것이다. 그 이후의 문제(아담이 죄를 저질렀으므로 인간은 원죄를 안고 살아가느냐의 문제)는 지나치게 종교적인 내용이어서 여기서는 다루지 않기로 한다.

❷ 철학적 관점

다음으로 철학적 관점에서 이 문제를 간단히 살펴보기로 하자. 우리가 살펴볼 내용은 자유의지에 대한 **칸트**의 입장인데, 이 문제는 1권 7장에서 의무론을 설명하며 이미 다룬 바 있으므로 여기서는 간단히 언급하기로만 한다.

　칸트에 따르면 인간은 **자연법칙**의 지배를 받는 **신체**와 도덕법칙의 원천으로서 **이성**을 가진 **이중적 존재**다. 따라서 신체 때문에 발생하는 **욕망**과 도덕적 행위를 요구하는 **이성** 사이에서 인간의 **의지**는 갈등하게 된다. 그런데 인간의 의지가 욕망에 의해 지배받을 때 그것은 자유로운 의지라 할 수 없다. 그것은 결국 자연의 일부인 신체가 자연법칙에 종속되는 것 이상의 의미를 갖지 않기 때문이다. 오히려 이러한 자연적 경향성을 벗어나 실천이성의 명령에 따라 도덕적 행위를 선택하는 의지가 **자유로운 의지**이자 **선의지**(善意志)**다.** (일요일에 늦잠을 자지 않고 봉사활동을 하러 나가는 것이 자유의지에 기초한 행위다!) 따라서 도덕은 인과법칙에서 벗어날 수 있는 자유의지를 전제로 하지 않고는 존재할 수 없으며, 자유의지에 기초한 도덕적 판단과 실천으로 인해 인간은 다른 동물과 구별되는 존엄성을 갖게 되는 것이다.

❸ 과학적 관점

자유의지와 결정론에 관해 마지막으로 검토해 볼 것은 과학적 관점인데, 여기에는 크게 **환경 결정론**과 **유전자 결정론**이 있다. 예민한 독자라면 이미 간파했겠지만, 종교적·철학적 관점은 선을 행

행동주의 심리학자 스키너

하고 악을 회피하는 종교적 · 도덕적 존재로서의 인간의 특성과 밀접히 관련이 있으며, 따라서 그것을 가능하게 하는 자유의지를 대체로 인정하는 경향을 보인다. 반면 과학적 관점은 과학이 보편적 자연법칙을 탐구하는 이상 인과법칙에서 벗어난 자유의지를 부정하는 경향이 있으며, 자유의지의 문제를 종교적 · 도덕적 행위에 국한시키지 않는 특징을 보인다.

환경 결정론을 대표하는 사람은 행동주의 심리학자 **스키너**●다. 스키너는 동물들이 어떤 행위 후에 주어지는 **보상**이나 **처벌**(강화물)에 의해 그러한 행위가 증가 또는 감소(강화)되는 경향이 있음을 발견하였다. 예컨대 스키너 상자 속에 갇힌 쥐가 우연히 막대를 누르면 먹이가 쏟아질 경우, 막대를 누르는 쥐의 행동은 증가된다. 반대로 금지된 사물을 건드리면 전기 쇼크를 받게 되는 쥐는 그러한 행동을 반복하지 않는 법을 학습한다. 스키너는 동물들에 대한 이러한 연구 결과를 인간에게도 그대로 적용하여, 인간의 행동은 자유의지의 산물이 아니라 상벌에 의해 길들여진 결

● **스키너**(B. F. Skinner 1904~1990)
행동주의 심리학의 거두로서 하버드대에서 연구하고 가르쳤다. 스키너 상자(Skinner box)를 이용해 동물의 특정 행동에 대해 강화물(상과 벌)을 줌으로써 그러한 행동이 강화(증가나 감소)되는 현상을 연구하였으며, 이를 인간에 관한 철학으로 발전시켰다. 파블로프의 개 실험이, 자극(고기)이 수동적 반응(침 흘림)에 선행한다는 의미에서 고전적 조건형성이라고 불리는 데 반해. 그의 실험은 자극(상과 벌)이 동물의 능동적 반응(가령 비둘기가 막대를 누르는 행위) 이후에 선별적으로 주어진다는 점에서 조작적 조건형성(operant conditioning)이라고 불린다. 주저로는 『자유와 존엄을 넘어서』, 『강화 계획』 등이 있다.

과물이라고 보았다. 과학이 발달하지 않은 시대에는 인간 행동의 원인을 과학적 방법으로 설명할 수 없었기에 내면의 **자율적 인간**(autonomous man, 자유의지를 말함)에 호소하는 경향이 있었으나, 대상에 대한 관찰과 조작가능성이 높아진 과학의 시대에는 자율적 인간을 폐기하고 인간 행동의 설명 가능한 원인들에 집중할 필요가 있다는 것이다. 결국 자유의지를 부정하는 그의 주장은 자유의지에 기초한 도덕적 행동의 가능성마저 부정하는 것으로서, **도덕성에 바탕을 둔 인간의 존엄성을 근본적으로 부정**하는 혁명적인 관점이라고 말할 수 있다. 이러한 의미에서 그의 주저가 『**자유와 존엄을 넘어서**』라는 제목을 가지고 있다는 사실은 예사롭지 않다. 나아가 스키너는 적절한 상벌체계를 기획함으로써 인간의 행동을 바람직한 방향으로 변화시킬 수 있는 **사회·문화적 조건을 설계**할 수 있다고 보았다.

　그러나 그의 견해는 사회와 문화를 설계하는 자가 가지는 목표와 가치는 무엇으로 설명할 수 있는지에 대해 의문이 들게 한다. 만약 인간의 모든 행위가 상벌에 의해 길들여진 것이라면, 스키너 자신의 학문적 업적이나 사회·문화적 기획 또한 자유의지에 의해 이루어진 것이 아니므로 지금과 같은 찬사를 받기 어렵다는 비판을 면할 수 없을 것이다.

　스키너의 관점이 환경 결정론에 입각해 있다면, **리처드 도킨스**(Richard Dawkins, 1941~)의 '**이기적 유전자**'는 유전자 결정론을 대변하는 관점이라고 볼 수 있다. 주지하는 바와 같이 도킨스는 생물 개체가 자신이나 집단, 종을 위해서가 아니라 **유전자**를 위해 행동하도록 설계되어 있는 생존기계라고 본다. 30~40억 년 전 해양을 구성했던 것으로 추정되는 '**원시 수프**(primeval soup)'에서 어느 날 DNA의 원형이라 할 수 있는 놀랄 만한 분자인 **자기복제자**가 최초로 탄생하였고, 이후의 기나긴 자연선택의 진화 과정 끝에 생존기계로서의 개체들이 만들어지면서 그 안의 **유전자**가 개체들을 이용하여 자신을 지속시키고 있다는 것이다. 이러한 진화생물학적 관점에서는, 개체들은 일반적으로 생존을 위해 이기적으로 행동할 수밖에 없다. 그러나 개체들은 자식이나 자신이 속한 집단 혹은 종의 보존을 위해 드물게 이타적 행위를 하기도 하는데, 이 또한 **유전자적 수준**에서 바라보자면 유전자들이 자신이 살아남기 위해 개체를 이용하고 희생시키는 **이기주의**(유전자가 도덕적 차원에서 설명될 수는 없으므로, 이는 **은유적** 표현임에 유의하자.)의 표현일 뿐이다. 가령 여러분의 부모님이 여러분을 위해 희생적인 삶을 사는 것도, 여러분의 생존을 통해 자신의 유전자를 살아남게 하려는 유전자 이기주의의 발현인 것이다.

아무튼 도킨스의 이러한 주장은 결국 **인간의 행위**를 유전자 결정론으로 설명하며, 인간의 자유의지를 부정하는 것이라 할 수 있다. 물론 도킨스도 인간 문화의 특수성을 강조하기 위해 **밈**●을 통한 문화적 진화를 언급하고 있다. 그러나 그의 또 다른 문제작인 『**만들어진 신**』에서 종교나 신조차도 유전자 진화의 관점에서 설명하는 그의 태도로 보아, 도킨스의 주장은 결국 문화적 진화를 **유전적 진화로 환원**시켜 설명하는 논리임을 부인할 수 없다.●

여기에서 유전자 결정론에 대한 세간의 비판을 반복하고 싶지

● 밈(meme)
개체의 기억에 저장되고 다른 개체의 기억으로 복제될 수 있는 문화적 전달 단위를 의미한다. 가령 오늘날 플라톤의 담론이 살아 있는 것도 밈에 의한 문화적 전달 덕분이다. 그런데 애국심을 위해 한 국가의 구성원이 목숨을 바치는 데서 알 수 있듯이, 밈도 개체를 희생시켜 자신을 보존하려는 이기주의적 성향을 가지고 있다.

● 이 책에서 그는 종교를 진화의 부산물로 설명하고 있다. 인간은 다른 어떤 종보다 선조들의 축적된 경험을 토대로 생존해야 하는데, 이를 위해 선조의 말에 따르다 보니, 유익한 조언을 받아들이기도 하지만 근거 없는 조언을 추종하기도 한다는 것이다. 도킨스에 따르면, 바로 이 근거 없는 조언이 진화의 부산물이라 할 수 있는 종교다.

는 않다. 다만 일본 신오쿠보역에서 일본인을 구하고 살신성인했던 **이수현** 씨 이야기에 대한 1장의 언급을 잠시 상기해 보자. 이러한 도덕적 행위를 **진화생물학적 관점**에서 설명하는 것이 **불경스럽다**고 표현하는 것은 지나친 일인가? 이수현 씨의 행위를 유전자의 자기보존이라는 시각에서 설명하는 것은 어불성설일 뿐만 아니라, 자유의지와 도덕성에 기초한 인간의 품위를 손상시키는 행위가 아닌가? 판단은 여러분에게 맡기지만, 인문학의 정신이 과학에 의해 훼손되고 있는 측면을 꼭 생각해 보라고 권하고 싶다.

자유의 의미

앞에서 자유의지와 자유를 구분하면서 자유는 **사회적 관계**와 관련해서만 의미 있게 설명될 수 있다는 점을 살펴보았다. 자유의 의미를 본격적으로 검토해 볼 이번 절에서 우리가 관심을 가져야 할 사회적 관계는 두 가지다. 하나는 시민사회 내의 다른 개인이나 집단과의 관계이고, 다른 하나는 **국가**와의 관계다. 그리고 전자에서 특히 중요한 것은 시민사회 내의 가장 강력한 세력인 **자본**과의 관계다. 이를 염두에 두고서 자유의 여러 의미에 대해 생각해 보도록 하자.

소극적 자유와 적극적 자유

자유의 의미 중에서 먼저 검토해야 할 것은 **이사야 벌린**[*]의 **소극적 자유**와 **적극적 자유**의 구분이다. **소극적 자유**란 다른 사람의 간섭 없이 스스로 하고자 하는 일을 행할 자유를 의미한다. 물론 소

● **이사야 벌린** (Isaiah Berlin, 1909~1997)
라트비아 출신이지만 주로 영국에서 활동했던 위대한 정치사상가이자 철학자다. 복잡한 사상을 명쾌한 필치로 표현하는 능력이 탁월했다. 주저로 『낭만주의의 뿌리』, 『고슴도치와 여우』 등이 있고, 「자유의 두 의미」라는 논문으로 유명하다.

극적 자유를 주장한 대표적 인물인 존 스튜어트 밀조차도 **타인에게 해**를 끼치는 행위에 대해서는 사회에 의한 간섭을 인정하였듯이, 무제한적인 소극적 자유를 주장하는 사람은 없다고 보아도 무방하다. 왜냐하면 이런 식의 '**자연적**(자연 상태적)' 자유는 강자에 의한 약자의 지배나 인간의 최소한의 욕구조차 충족시키지 못하는 사회적 혼돈을 야기하게 될 것이기 때문이다. 그러나 동시에 어떤 이유로도 침해되어서는 안 될 **개인적 자유의 최소 영역**은 존재해야 한다. 그럴 때만 사상의 자유 시장이 형성되어 **개성 있고 창의적인 생각**들이 출현하고 이로써 **진리의 발견**(진리는 서로 다른 생각을 가진 사람들이 분점하는 것임을 상기해 보라!)과 **사회와 문화의 진보**가 가능해지며, **자발성**에 기초한 **도덕성의 제고**가 이루어질 수 있기 때문이다.

그러나 소극적 자유를 강조하는 입장에 대하여는 다음과 같은 반론이 제기될 수 있다. 첫째 진리의 발견이나 사회·문화의 진보는 소극적 자유가 충분히 보장되지 못한 사회에서도 실현될 수 있다는 사실이다. 프랑크 왕국의 카롤링거 왕조 때 칼 대제(샤를마뉴)의 후원에 의해 일어난 **카롤링거 르네상스**●, 그리고 구(舊)소련에서의 우주과학기술의 발전 등은 **권위주의적 풍토** 하에서도 학문과 예술이 발전한 역사적 사례로 볼 수 있다.

둘째, 소극적 자유는 **민주주의**와 논리적 연관성이 없을 수 있다는 사실이다. 소극적 자유에서 주된 관심은 어떤 정부에 의한 통제냐가 아니라 **통제의 범위**가 어디까지냐 하는 문제일 뿐이기 때문이다. (독재정권이 자신의 권위에 도전하지 않는 한 영화, 스포츠, 성과 관련

● 카롤링거 르네상스
게르만족의 대이동과 서로마의 몰락 이후 서유럽의 강국이 된 프랑크 왕국은 메로빙거 왕조 하에서 문화의 불모지가 되었다. 이후 카롤링거 왕조의 칼 대제는 영국의 알퀸(Alcuin) 등 유럽의 학자와 문인을 초빙하여 교회와 수도원에 학당을 부설하고 고전을 결집하여 보급하는 등 문화 부흥을 위해 노력했는데, 이를 카롤링거 르네상스라고 한다.

된 산업에서 더 많은 소극적 자유를 허용한다는 점을 생각해 보라.)

셋째, 소극적 자유만이 강조되어 외부의 간섭이 최소화될 때, 개인이 **충동의 노예**가 되거나 가난하고 열악한 **환경의 희생물**로 방치될 수 있다는 점이다. 바로 이 셋째 문제점이 적극적 자유에 관한 우리의 관심을 촉구하는 것이다.

소극적 자유와 대비되는 의미로서의 **적극적 자유**는 한 개인이 스스로의 주인이 된다는 의미에서의 자유다. 서두에 언급한 마카오의 도박꾼은 자신의 행위에 대하여 아무런 간섭을 받고 있지 않다는 점에서 소극적 자유를 누리고 있다. 그러나 그는 자신의 내면에 있는 자연, 즉 **충동의 노예**일지도 모른다. 이러한 사람들은 그들을 훈육하고 교육시키는 외부의 간섭을 통해서만 자신이 삶의 주인이라는 의미에서의 '진정한 자아'에 이를 수 있을 것이다. 또한 매년 극심한 홍수에 시달리는 방글라데시의 이재민들이나 기아로 허덕이는 아프리카의 가난한 사람들을 생각해 보라. 이들에겐 소극적 자유보다는 복지정책이나 무상교육과 같은 **정부의 개입과 간섭**이야말로 그들의 자아실현을 돕고 그들 스스로를 삶의 주인으로 만들 수 있는 유일한 길일 것이다. 이러한 관점에서 보면, 소극적 자유란 사람들이 충동의 노예가 되도록 도덕적 타락을 방치하는 것이거나 외부의 간섭 없이도 잘 살 수 있는 자들만이 주장하는 '가진 자의 자유'에 지나지 않는다.

그러나 외부의 간섭과 강제를 필요로 하는 적극적 자유에는 다음과 같은 중대한 문제점이 뒤따른다. 충동적인 개인, 저급한 현실적 자아의 상태에 놓여 있는 개인을 진정한 자아에 이르게 하기 위한 사회의 간섭과 개입은, 미래에 그 사람에게 더 많은 자유를 주고 그로 하여금 스스로 삶의 주인이 되게 도와줄 수도 있지만, 그것이 지나칠 경우 그의 소극적 자유를 현저히 침해하고 나아가 그를 **간섭자의 노예**로 만들 위험이 있다는 점이다. 그에게 가해지는 간섭과 강제가 그에게 이익이 될 수 있다는 것을 인정한다 하더라도, 간섭받고 강제당하는 상태가 자유로운 상태는 아니라는 것은 분명하다. 그럼에도 불구하고 간섭자가 **그의 이익과 그의 자유를 혼동**하여 그에게 진정한 자유를 제공하고 있다는 착각을 하는 순간, 그를 간섭자의 노예로 전락시킬 수 있는 것이다.

이러한 문제점은 전체주의 사회와 같이 **집단적 자아**를 한 개인의 진정한 자아로 간주하는 사회에서 특히 두드러진다. 이 책 1권 3장에 언급했던 **킬링필드**의 비극을 다시 한 번 생각해 보자. **크메르 루즈**(Khmer Rouge)군이 수립한 폴 포트 정권은 앙카(Angka)라는 비밀위원회를 앞세워 '봉건적, 제국주의적, 자본주의적, 반동적, 그리고 억압적 계급들'에 대항하여 억압받는 노동자, 농민들의 지도자임을 자임하며 자본주의적 사고방식을 갖고 있다고 생각되는 모든 사람을 무자비하게 숙청하였다. 영어를 할 수 있는 자, 교육을 받은 학생, 안경을 쓴 사람, 손에 못이 박이지 않은 사람, 외국서적을 가진 사람 등을 부르주아로 분류하여 처형하였고, 심지어는 키가 크거나 몸이 뚱뚱하다는 이유만으로 학살된 사람도 있었다. 이렇게 크메르 루즈는 '자급자족적 농업 이상사회'를 건설하기 위해 3년 7개월 동안 전체 인구 700만 명 중 1/3에 해당하는 200만 명에 가까운 국민을 학살하였다. 이러한 비극이, 저급한 부르주아적 자아를 가진 사람들을 진정한 자아로 개조하여 그들에게 적극적 자유를 누리게 하겠다는 전체주의적 발상에서 비롯된 것이 아니라면 또 무엇이겠는가?

국가로부터의 자유, 국가에로의 자유, 국가에 의한 자유

자유의 의미에 관해 두 번째로 검토하고자 하는 바는 익히 알려진 국가로부터의 자유, 국가에로의 자유, 국가에 의한 자유다. 이 세 가지 자유에 대한 구별은 **논리적인 설명**과 **연혁적인 설명**이 불일치한다. 여기서는 먼저 서양 근대사의 궤적을 따라 **시간적 순서**대로 이 세 가지 의미의 자유를 소개할까 한다.

서양의 근대 시민사회는 절대왕정으로부터 시민의 자유와 권리를 지키기 위한 자유주의적 투쟁의 결과물이었다. 몰락하는 귀족계급과 (아직은 충분한 힘이 없었던) 떠오르는 시민계급 사이에서 무소불위의 권력을 행사했던 **절대왕정**은, 국교 이외의 종교에 대한 탄압, 영장 없는 인신구금, 시민 대표의 동의 없는 과세를 일삼아 시민계급의 자유와 권리를 침해하였다. 따라서 이에 대항하여 일어난 시민혁명은 국가로부터 **정신적, 신체적, 경제적 자유**를 침해당하지 않기 위한 몸부림이었으므로 **국가로부터의 자유**를 얻기 위한 투쟁이었다고 말할 수 있다.

그러나 시민혁명에 의해 성립된 시민사회에서는 시민만이 정치, 경제, 문화의 주체였을 뿐, 19세기 중반부터 조직화되기 시작한 노동계급에겐 **참정권**도, 경제적 풍요도, 문화의 향수도 없었다. 이에 (1권 7장에서 언급한) 인민헌장 제정 운동 등의 노력을 통해 노동자들도 참정권을 얻기 위한 투쟁에 나서게 되는데, 이는 **국가에로의 자유**를 위한 것이었다.

참정권 획득 못지않게 노동계급에게 필요했던 것은 **인간다운 삶**을 위한 최소한의 생활수준을 확보하는 것이었다. 그들은 빈익빈부익부의 현실 속에서 생존을 위한 의식주를 확보하는 것은 물론, 질병의 치료, 교육과 근로의 권리 등을 보장받기 위해 노력했다. 이러한 것들은 국가의 **경제에 대한 개입**과 **복지정책**을 통해서만 이루어질 수 있다는 의미에서 **국가에 의한 자유**라고 불리는 게 합당하다.

한편 **논리적**으로 보았을 때, 국가에로의 자유와 국가로부터의 자유는 동전의 양면과도 같아서 우리에게 **자유의 딜레마**가 어떤 것인지를 잘 보여 준다. 인간은 공동체를 벗어나서는 타인의 폭력으로부터 자유로울 수 없는 것은 물론 의식주에 필요한 물자조차 제대로 얻을 수 없다. 따라서 공동체를 구성하고 공동체의 운영에 참여할 권리를 의미하는 **국가에로의 자유**는 인간이 **사회적 존재**임을 극명하게 보여 주는 개념이다. 그러나 이러한 필요에 의해 조직된 국가권력이 자율성을 띠고 비대화됨에 따라 국가가 도리어 개인의 자유와 권리를 침해하는 일이 종종 발생하는데, 이 때문에 **국가로부터의 자유**가 문제가 되는 것이다. 복지정책의 실시와 더불어 등장한 **국가에 의한 자유**도, 복지재원을 마련하기 위해서는 부자의 재산권을 침해할 수밖에 없으므로 부유한 사람들의 입장에서는 국가로부터의 자유의 문제에 다름 아니다. 아무튼 이러한 세 가지 자유의 의미는, 사회 밖(가령 자연 상태)에서는 자유를 보존할 수가 없고, 사회 안에서는 자유를 제약당할 수밖에 없는 인간의 운명, 즉 **자유의 딜레마**를 잘 나타내 준다고 하겠다.

권력과 자본이 주는 선택지로서의 자유 : 판옵티콘과 소비사회

자유는 손에 쥘 수 있는 물건처럼 **실체적인 개념**으로 생각되기 쉽다. 그러나 자유는 **관계적 개념**이다. 주인과 노예의 관계에서 주인은 자유롭고 노예는 자유가 없는 것처럼, 자유는 **사회적 조건의 비대칭성**에서 출현하는 관계적 개념인 것이다. 만약 여러분이 수학여행을 갔을 때 수업할 때보다 훨씬 더 큰 자유를 느낀다면, 그것은 여러분의 손에 자유라는 '티켓'이 쥐어져 있기 때문이라기보다는 선생님들의 엄격한 통제와 부모님의 부담스런 시선에서 벗어난 상황이 주는 해방감 때문일 것이다. 선생님이나 부모님과의 관계에 있어서 학생들은 (인격적인 의미에서가 아니라 보호자와 피보호자라는 의미에서) 비대칭적인 사회적 관계에 놓여 있다. 그러나 수학여행은 그러한 비대칭적 사회관계로부터 어느 정도 해방된 기분을 주기에 여러분은 수업시간이나 집에 있는 시간보다 수학여행으로부터 더 큰 자유로움을 느끼는 것이다.

그러나 여러분이 느끼는 자유는 사실 선생님과 부모님이 허락해 준 선택지에 지나지 않는다. 마찬가지로 권력과 자본이 소수의 손에 집중되어 있는 우리의 현실에서는, 권력과 자본이 부족한 보통사람들의 자유는 권력과 자본으로부터 그들에게 주어지는 **선택지**에 불과한 경우가 대부분이다. 이러한 점을 설명하기 위해 우

●**미셸 푸코**(Michel Foucault, 1926~1984)
20세기를 대표하는 프랑스의 철학자로 정신의학에 관심이 많았다. 동성애자로서 소수자의 생활양식을 비정상으로 낙인찍는 주류문화의 편견에 저항하고자 했으며, 이러한 동기에서 근대 서구의 합리성도 보편타당한 사고방식이라기보다는 광기와 같은 다른 경험양식을 억누르는 하나의 경험양식에 불과함을 논증하고자 했다. 주저로는 『감시와 처벌』, 『말과 사물』, 『광기의 역사』 등이 있다.

리가 고찰해 보고자 하는 두 가지 사례는 **판옵티콘**(Panopticon)과 **소비사회**다. 먼저 **제러미 벤담**(Jeremy Bentham, 1748~1832)이 기획한 **판옵티콘**에 대해 프랑스의 철학자 **미셸 푸코**●가 해석한 내용을 읽어 보도록 하자.

벤담의 '일망 감시시설(Panopticon)'은 다음과 같은 특징이 조합된 건축적 형태다. 주위는 원형으로 건물이 에워싸고 있고, 그 중심에는 탑이 하나 있다. 탑에는 여러 개의 큰 창문이 뚫려 있으며 원형 건물은 독방들로 나누어져 있다. 독방 하나하나는 건물의 앞면에서부터 뒷면까지 내부의 공간을 모두 차지한다. 독방에는 두 개의 창문이 있는데, 하나는 안쪽을 향하여 탑의 창문과 마주하는 위치에 나 있고, 다른 하나는 바깥쪽에 면해 있어서 이를 통하여 빛이 독방에 구석구

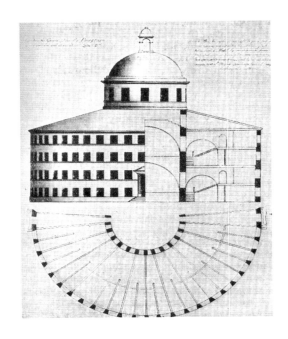

벤담의 판옵티콘 구조도

석 스며든다. 따라서 중앙의 탑 속에는 감시인을 한 명 배치하고, 각 독방 안에는 광인이나 병자, 죄수, 노동자, 학생 등 누구든지 한 사람씩 감금할 수 있게 되어 있다. 역광선의 효과를 이용하여 주위 건물의 독방 안에 있는 수감자의 윤곽이 정확하게 빛 속에 떠오르는 모습을 탑에서 파악할 수 있는 것이다. 그것은 바로 완전히 개체화되고 항상 밖의 시선에 노출되어 있는 한 사람의 배우가 연기하고 있는 수많은 작은 무대이자 수많은 감방이다. 일망 감시의 이 장치는 끊임없이 대상을 바라볼 수 있고, 즉각적으로 판별할 수 있는, 그러한 공간적 단위들을 구획해 낸다. 요컨대 이곳에서는 지하 감옥의 원리가 전도되어 있다. 아니 오히려 지하 감옥의 세 가지 기능 – 감금하고, 빛을 차단하고, 숨겨두는 – 중에서 첫째 것만 남겨 놓고 뒤의 두 가지를 없애버린 형태다. 충분한 빛과 감시자의 시선이, 결국 보호의 구실을 하던 어둠의 상태보다 훨씬 수월하게 상대를 포착할 수 있다. 가시성의 상태가 바로 함정인 것이다.

이러한 형태는 무엇보다 고야가 그리고 하워드가 기술한 바 있는 저 감금시설 속에 밀집해 있으면서 혼잡하고 소란스러운 대중의 모습을 보지 않게 해 준다. 사람들은 저마다 감시인이 정면으로 바라볼 수 있는 독방 안에 감금된 채 자기 자리를 지키고 있다. 그러나 양쪽의 벽은 그가 동료들과 접촉하는 것을 차단시킨다. 그는 관찰되기는 해도 볼 수는 없다. 그는 정보의 대상이 되긴 해도, 정보 소통의 주체가 되지는 못한다.

– 푸코, 『감시와 처벌』

위의 글로부터 우리는 다음과 같은 사항을 파악할 수 있다. 첫째, 감시인과 수감자 사이의 **시선의 비대칭성**은 **정보의 비대칭성**을 낳고, 정보의 비대칭성은 **권력의 비대칭성**을 초래한다는 것이다. 이는 국정원, CIA와 같은 정보기관이 왜 무시무시한 권력을 행사하는지를 잘 보여 준다. (농담으로 하는 얘기지만, 필자의 초등 동창 친구에 따르면 국정원 직원도 무서워하는 게 있다. 바로 치과에 가는 것이다. 이 또한 정보의 비대칭성 때문이 아닐까? 물론 그 친구는 치과의사다.) 시선의 비대칭성 자체가 사회적 조건의 비대칭성의 일부이며, 여기서 감시인의 자유와 수감자의 부자유가 유래한다는 사실을 우리는 잘 알 수 있다.

둘째, 이러한 일망 감시시설 하에서 수감자가 느끼는 자유(가령 운동할 시간과 휴식 시간을 얻는다든가 책을 볼 수 있는 기회를 얻는 것 등)는 사실상 감시인으로부터 주어진 **선택지**에 불과하다는 것이다. 출옥이나 탈옥을 하지 않는 이상 이러한 상황은 마찬가지다. 물론 출옥을 한다 해도 돈과 같은 **자원**이 부족한 이상 그의 자유는 여전히 제한적일 것이다.

셋째, 감시인과 같은 중간관리자도 권력의 핵심에 있는 사람들과의 관계에서 부자유스럽기는 마찬가지며, 동시에 그의 자유도 권력자로부터 주어진 선택지에 불과하다는 것이다. 권력자들은 감시인을 감시함으로써 그들을 통제한다. 따라서 감시인이 탑으로부터 벗어나 가족을 만나거나 휴식을 취하는 일도 결국 권력자로부터 주어진 선택지에 불과하다.

요컨대, 일망 감시시설이 방범 TV와 과속방지 카메라 그리고 폐쇄회로 TV가 지천으로 널려 있는 우리 사회에 대한 메타포라면, 개인이 누리는 자유라는 것은 결국 권력으로부터 주어진 선택지에 지나지 않는다는 것이다.

다음으로 우리는 자본이 주는 선택지로서의 자유에 대해 **소비 사회**를 중심으로 잠시 생각해 볼까 한다. 우선 1권 3장에서 소개했던 프랑스의 철학자 **보드리야르**(Baudrillard)의『**소비의 사회**』에서 발췌한 한 대목을 읽어 보도록 하자.

그러므로 이상의 사실은 욕구와 풍부함의 형이상학을 넘어서 소비의 사회적 논리에 대한 진정한 분석으로 우리를 되돌아가게 한다. 이 논리는 재화와 서비스의 사용가치의 개인적 취득의 논리가 결코 아니며 욕구충족의 논리도 아니다. 그것은 사회적 의미를 갖는 것을 생산하고 조작하는 논리다. 이러한 시각에서는 소비과정이 다음의 두 가지 근본적인 측면에서 분석될 수 있다:

①소비활동이 포함되고 의미를 갖게 되는 코드에 기초한 의미작용 및 커뮤니케이션의 과정으로서의 측면. 이 경우 소비는 교환체계이며, 또 언어활동과 같다.

②분류 및 사회적 차이화의 과정으로서의 측면. 이 경우 기호로서의 사물은 코드에서의 의미상의 차이뿐만 아니라 서열에서의 지위상의 가치로서도 정리된다. 여기에서는 소비가 전략적 분석의 대상이 될 수 있는데, 그러한 분석은 (지식, 권력, 교양 등의 사회적 의미를 갖는 것들과 관련해서) 지위를 나타내는 가치들의 배분 속에서 소비의 특

정한 비중을 측정한다.

　분석의 원칙은 여전히 다음과 같은 것이다: 사람들은 결코 사물 자체를 (그 사용가치에서) 소비하지 않는다 – 이상적인 준거로서 받아들여진 자기집단에의 소속을 나타내기 위해서든, 아니면 보다 높은 지위집단을 준거로 삼아 자신의 집단과 구분하기 위해서든 간에 사람들은 자신을 타인과 구별하는 기호로서 (가장 넓은 의미에서의) 사물을 항상 조작한다. (…) 소비자는 자유롭게 자기가 원하는 대로 또 자신의 선택에 따라 타인과 다른 행동을 하지만, 이 행동이 차이화의 강제 및 어느 한 코드에의 복종이라고는 생각하지 못한다. 타인과 자기를 구별하는 것은 동시에 항상 차이의 질서 전체를 만드는 것이 되는데, 이 질서야말로 처음부터 사회 전체가 해야 할 일이, 좋든 싫든 개인을 초월해 버리는 것이다. 각 개인은 차이의 질서에서 점수를 얻어 질서 그 자체를 재생산하며, 따라서 이 질서 속에서는 어쩔 수 없이 항상 상대적으로만 기록된다. 각 개인은 차이에 의한 자신의 사회적 득점을 절대적인 득점으로 체험하지만, 질서 내의 수치는 교환되도록 하면서도 차이의 질서 자체는 그대로 남게 하는 구조상의 제약은 체험하지 못한다.

　　　　　　　　　　　　　　　　　　　　– 보드리야르, 『소비의 사회』

위 글에서 보드리야르가 말하는 소비의 사회적 논리는 크게 두 가지다. 하나는 소비가 **커뮤니케이션의 수단**이라는 것이고, 다른 하나는 소비가 **사회적 차이화** 또는 **구별 짓기**의 과정이라는 것이다. 예를 들어 자동차 소비에 대해 생각해 보자. 한 자동차 회사에서 생산되는 중형 승용차로 5,000만 원대 승용차 A, 3,000만 원대 B, 1,000만 원대 C, 500만 원대 D라는 네 모델이 있다고 해 보자. 여러분이 만약 가장 비싼 A를 타고 있다면 그것은 사용가치를 획득하기 위한 것일 뿐만 아니라 자신의 고급 취향을 표현하고, 그럼으로써 자신을 경제적 중·하층계급으로부터 구별하는 행위라는 것이다.

이때 A를 선택하여 소비하는 여러분은 그것이 자신의 자유로운 선택의 결과라고 생각할지 모른다. 그러나 위에서 보드리야르가 '**차이화의 강제**'라는 표현을 쓰고 있듯이, 여러분의 자유는 자동차 회사가 제공한 선택지 중에 여러분의 소득과 취향을 고려해 선택권을 행사하는 것에 지나지 않는다. 더구나 소득수준이 낮을수록 사실상의 선택지는 더욱 제한적이다. 이렇게 볼 때 '소비의 자유'를 의미하는 소비사회에서의 자유란, 1) 자본이 마련해 놓은 **선택지들** 사이에서, 2) **소득수준**의 제약 하에서, 3) **모방 심리** 및 **차별화 심리**에 따라 이루어지는, 4) **조종되는 선택**에 불과한 것이다.

자유와
간섭

이번 절에서는 개인 행동의 자유는 어디까지 허용될 수 있는가, 바꾸어 말하면 어디까지 사회에 의해 간섭될 수 있는가 하는 중요한 문제를 다루고자 한다. 이 문제에 관한 가장 권위 있는 견해는 무엇보다 **존 스튜어트 밀**의 견해일 것이다. 밀의 『**자유론**』에서 주장한 내용들을 간략히 살펴보는 것으로써 우리의 논의를 시작하기로 하자.

밀의 해악의 원리

(가)

이 논문의 목적은 매우 단순한 하나의 원리를 주장하는 것이다. 이 원리는 강제와 통제라는 방식을 통해서, 그 수단이 법적인 처벌이라는 형태의 물리적인 힘이든 아니면 도덕적인 강제이든 간에, 사회가 개인을 대하는 방식을 절대적으로 규정할 자격을 지니고 있는 원리다. 이 원리는 인류가 개인적으로나 집단적으로 그들의 구성원 중 어느 누구의 행동의 자유에 간섭하려고 할 경우, 이러한 간섭의 유일한 정당한 목적은 자기방어뿐이라는 것이다. 즉 문명화된 사회의 구성원 중 어느 누구에게라도 그의 의지에 반하여 정당하게 권력을 행사할 수 있는 유일한 목적은 다른 사람들에게 해를 입히는 것을 막기 위한 것이다. 그 자신의 선(善)은, 그것이 물리적인 것이든 도덕적인 것이든 간에, 충분한 정당화의 근거가 되지 않는다. 그렇게 하는 것이 그에게 도움이 될 것이라든가, 그를 더욱 행복하게 만들 수 있다든가 또는 다른 사람의 의견에 따르면 그렇게 하는 것이 현명하고 정당할 것이라는 이유로 그에게 어떤 행위를 하라고 혹은 하지 말라고 강요하는 것은 결코 정당화될 수 없다. 이를 정당화하기 위해서는 그가 행하려고 하는 행위가 다른 어떤 사람에게 해악을 낳을 것으로 예측된다는 점을 그에게 보여주어야 한다. 어떤 사람이 행위를 하든 간에 그가 사회에 대하여 책임져야 하는 유일한 부분은 다른 사람들과 관련된 부분이다. 오직 자기 자신과 관련된 부분에서는 당연히 그의 독립성이 절대적으로 보장된다. 자기 자신에 대해서는, 자신의 육체와 정신에 대해서는 각 개인이 주권자인 것이다.

(나)

① 이 이론이 단지 성숙한 능력을 가진 성인에게만 적용된다는 사실은 새삼 말할 필요가 없을지도 모른다. 우리는 아이나 법률로 정한 성년의 나이에 이르지 못한 청소년을 말하는 것이 아니다. 타인

의 보호를 여전히 필요로 하는 상태에 있는 사람들은 자신의 행동으로부터나 외부의 해악으로부터 보호되어야 한다. 마찬가지 이유로, 인종 전체가 미성년의 단계에 있는 후진사회의 사람들도 제외될 수 있다.

② 자기 자신에게만 관계되는 개인의 생활 영역과 타인이 관계되는 개인의 생활 영역을 구분하는 것에 대해 많은 사람이 거부감을 보일 것이다. 어느 누구도 완전히 고립된 존재는 아니다. 한 개인이 자기 자신에게 가하는 악행이 그와 긴밀한 관계를 맺고 있는 사람들, 그리고 그보단 미미한 정도지만 사회 전체의 이해관계에 영향을 줌으로써 심각한 결과를 초래할 수 있다는 사실을 충분히 인정한다. 예를 들어 어떤 사람이 무절제하거나 낭비를 함으로써 채무를 불이행하거나, 혹은 가족에 대한 도덕적 의무를 지고 있으면서도 같은 이유로 그들을 부양하고 교육시킬 수 없다면, 그는 비난받아 마땅하고 처벌받는 것이 당연할 수도 있다. 그러나 그 처벌은 그의 가족 또는 채권자에 대한 의무를 이행하지 않은 것 때문이지 그가 방탕하기 때문은 아닌 것이다.

③ 이 이론이 주장하는 바가, 인간이 서로의 삶에 대하여 무관심하다는 것과 인간은 자신의 이익에 관계되지 않는 한 다른 사람들의 복지나 선행에 관심을 두지 말아야 한다는 것이라고 생각한다면, 이는 오해다. 타인의 선을 증대시키려는 사심 없는 노력은, 조금이라도 감소되기보다는 그 반대로 크게 증대되어야 할 필요가 있다. 그러나 사심 없는 자선은 사람들로 하여금 타인의 선을 추구하도록 설득할 수 있는, (문자 그대로의 혹은 비유적인 의미로서) 회초리와 매질 이외의 방

도를 발견할 수 있다.

④ 인간 자유의 고유한 영역은 다음과 같다. 첫째, 자유는 의식의 내면적 영역을 포함한다. 가장 포괄적인 의미에서 양심의 자유, 사상과 감정의 자유는 물론 의견을 발표하고 출간할 자유를 포함한다. 둘째, 그 원칙은 기호를 즐기는 자유와 목적을 추구하는 자유를 요구한다. 셋째, 각 개인의 이 같은 자유로부터 동일한 한계를 지니는 개인 간의 결사의 자유가 도출된다.

위 글은 밀의 『자유론』에서 인간 행위의 자유에 대한 사회의 간섭의 한계를 밝힌 부분을 발췌한 것이다. 제시문 (가)에 나타난 밀의 핵심적 주장과 제시문 (나)에 소개된 보조적 논의를 참고하여 그의 주장의 의의와 한계를 검토해 보기로 하자.

밀은 **자율적 의사결정 능력**이 있는 사람의 행위에 사회가 간섭할 수 있는 유일한 근거로 **사회 유해성**이라는 원리를 제시하였다. 어떤 사람이 스스로에게 무엇이 이익인지 판단할 수 있는 자율적 의사결정 능력을 가진 성인이라면, 그의 행위가 타인에게 해를 끼치지 않는 한 사회는 이에 간섭해서는 안 된다는 것이다. 가령 어떤 선생님이 수업시간에 담배를 피운다면 간접흡연으로 학생들에게 피해를 끼치므로 국가가 그의 행위에 간섭할 수 있지만, 휴식시간에 한적한 곳에서 흡연을 하는 것에 대해서는 간섭할 수 없다. '선생님 자신의 건강을 위해서'라는 것도 간섭의 이유가 될 수 없는데, 일반적으로 자신에게 무엇이 이익이 되는지를 성인들은 스스로 판단할 능력이 있다고 간주되기 때문이다(예컨대 이 선생님은 담배를 한 대 피워 스트레스를 해소함으로써 자신에게 더 이득이 된다고 생각할 수 있는 것이다). 그럼에도 불구하고 만약 사회가 불가침의 개인적 자유의 영역에 끊임없이 간섭한다면, 다양한 사고와 행동 양식의 출현을 막아 진리의 발견, 도덕적 자발성의 제고와 같은 사회·문화적 발전을 가로막는다는 것이 밀의 생각이다.

그러나 밀의 주장과 논거에는 명백한 한계들이 존재하는데, 이를 제시문 (나)를 중심으로 적시해 보겠다. 우선 ①에서 밀은 성인의 경우 타인에게 해를 끼치지 않는 한 그들의 행위에 간섭해서는 안 된다고 주장한다. 그러나 **정상적인 성인들도 스스로에게 명백히 해로운 의사결정**을 하는 경우가 많다. 자동차 전용도로에서 안전띠를 착용하지 않아 자신의 신체에 심각한 손상을 입히는 경우가 그러한 사례다. 담배나 마리화나(대마초)의 문제도 이와 마찬가지다. 더구나 이렇게 자신에게 명백히 해로운 행위들은 사회 전체적으로 보았을 때 **공익의 침해** 문제이기도 하다. 왜냐하면 수많은 시민이 안전띠 미착용으로 큰 부상을 입거나 담배나 마약에 중독된다면 이는 국민보건의 입장에서나 사회적 비용의 관점에서 크나큰 공익의 손실이 아닐 수 없기 때문이다. 따라서 직접 타인에게 해를 끼치지 않는 성인들의 행위에도 **사회적 합의**에 따라 간섭할 여지를 남겨 두어야 한다. 또한 후진사회의 구성원 전체가 미성년의 수준에 있을 수 있다는 밀의 주장은 명백한 문화적 편견이다.

또한 ②에서 밀은 채무불이행과 같은 악행에 대해서는 처벌할 수 있지만 방탕함과 같은 **악행의 원인**을 근거로 한 처벌은 가능하지 않다는 논리를 편다. 이는 사회 유해성●의 판단이 사람마다 다를 수 있다는 비판에 대한 스스로의 변론이라고 생각된다. 그러나 방탕함과 채무불이행이 상관관계가 있는 이상, 원인행위에 대한 책임을 따지지 않을 경우 악행에 대한 처벌은 **사후약방문**에 그치고 말 것이라는 비판이 가능하다.

③에 대하여도, **타인의 선**을 증진시키려는 노력이 설득과 같은 자발적 수단에만 의존하게 될 경우 도덕적으로 바람직한 삶을 외면하는 결과를 초래할 수 있다는 비판이 가능하다. 수년 전 뉴욕 지하철에서 한인이 흑인에 떠밀려 사망한 사고가 있었는데, 주변 사람들이 그를 구조하려는 자발적 노력을 전혀 하지 않아 우리에게 큰 충격을 준 바 있다. 이처럼 설득과 같은 자발적 수단들은 타인의 선을 증진시키는 데 한계를 가지는 경우가 많다.

끝으로 ④의 경우도 언론, 결사의 자유가 명예훼손을 통해 타인에게 해를 입힌다면 제한될 수 있는 것이므로, '인간 자유의 고유한 영역'이라고 단정할 수 있는지 의문스럽다.

그러나 이러한 비판이 인간 자유의 고유한 영역을 송두리째 부정하고, 사회의 무제한적 간섭을 허용해야 한다는 주장은 결코 아니다. 이 문제에 대한 결론을 내리기 전에 일단 **강한 간섭주의**에 대해 잠시 살펴보도록 하자.

강한 간섭주의

타인에게 해를 끼치지 않는 이상 자율적 의사결정 능력이 있는 사람의 행위에 간섭해서는 안 된다는 밀의 주장을 **약한 간섭주의**라

● 사회 유해성이란 실로 모호한 기준이다. 어떤 사람에게는 유쾌한 힙합 댄스가 다른 사람에게는 너저분한 동작으로서 불쾌감을 준다면, 이는 사회 유해적 행위로 보아야 하는가?

고 부를 수 있다. 즉 약한 간섭주의의 입장에서 간섭을 허용하는 경우는 행위의 주체가 미성년자 등 자율적 의사결정 능력이 없는 자일 때, 그리고 성인의 행위가 타인에게 해를 끼칠 때이다. 반면 **강한 간섭주의**는 자율적 의사결정 능력이 있는 성인의 행동이 타인에게 해를 끼치지 않더라도 자신에게 해로운 것일 때는 사회의 간섭을 허용할 수 있다는 입장을 의미한다. 이 입장이 바탕으로 삼고 있는 근거는 '간섭을 받는 사람들의 **사익**(私益)은 물론 이것들의 집적인 **공익**(公益)을 보호하기 위해서'다.

　앞에서 언급했던 자동차 전용도로에서의 **안전띠 착용 의무화** 문제로 돌아가 보자. 안전띠 미착용은 직접적으로는 타인에게 해를 끼치지 않는 자기결정권의 영역에 속하는 문제다. 따라서 약한 간섭주의에 따르면 정부의 간섭을 인정할 수 없다. 그러나 이러한 주장에 대하여는 두 가지 반론이 가능하다. 첫째, 안전띠 미착용 시 사고가 발생하면 운전자는 동승자에게 신체적 피해를 입히거나 차창 밖으로 떨어져 다른 차로의 운전자들에게 피해를 입힐 수 있다는 사실이다. 이에 대해 약한 간섭주의자들은, 안전띠를 착용하지 않아 동승자나 다른 차로의 운전자에게 피해를 입히는 경우는 **사고의 발생**을 전제로 한 것인데, **안전띠 미착용이 사고의 원인은 아니므로** 정부는 안전띠 미착용을 단속할 것이 아니라 사고의 원인을 줄이거나 없애는 데 행정력을 집중해야 한다고 반박할 것이다. 이는 인과관계의 측면에서 설득력이 있는 주장이다.

　그러나 다음과 같은 두 번째 반론을 생각해 보자. 안전띠 미착용으로 인해 발생하는 피해는 운전자 개인의 입장에서는 사익의

© Peter Lindberg

어디까지 사회에 의해 간섭될 수 있는가?

문제에 불과하지만, 이를 **사회 전체적으로 보면** 정부가 좌시할 수 없는 **공익**과 관련된 문제라는 것이다. 수많은 사람이 사망 및 상해 사고를 당하고 이와 관련된 사회적 비용이 증가하는 것은 사익의 범위를 넘어선 공익의 훼손 문제이기 때문이다. 물론 여기에 대하여도 약한 간섭주의 입장에서는 다음과 같이 반박할 수 있다. "안전띠 착용 문제에 정부가 간섭하지 말라는 것은, 자동차 운전자가 언제나 안전띠를 착용하지 않겠다는 주장이 아니라 **언제 착용하고 언제 착용하지 말아야 할지를 스스로 결정**하겠다는 주장이다. 고속 국도에서 대부분의 운전자는 스스로 안전띠를 착용한다. 그러나 밤낮으로 길이 막히는 대치동 학원가에서 굳이 안전띠를 착용해야 할 이유는 없다. 결국 안전띠 착용 여부를 운전자의 자율적인 선택에 맡겨 두어도 공익의 침해 여지는 크지 않다." 이러한 반박은 상당히 설득력이 있다. (실제로 막히는 도로에서 화장실을 찾아야 할 정도로 속이 부글부글 끓는 운전자가 안전띠까지 매야 할 필요가 있겠는가?) 그러나 문제는 고속 국도에서 과속을 하면서도 안전띠를 착용하지 않는 운전자가 여전히 상당수 존재한다는 것이다. 정부의 존재 이유가 국민의 생명과 재산을 보호하는 것이라면, 이러한 이유로 안전띠 착용에 대해 간섭하려는 강한 간섭주의의 입장이 반드시 부당하다고 볼 이유는 없는 것이다.

자유의 한계

앞서 말한 대로 **소극적 자유**를 주장하는 사람들은 **국가로부터의 자유**를 강조하고 **적극적 자유**를 주장하는 사람들은 국가와 사회의 **간섭**을 강조한다. 그러나 소극적 자유와 적극적 자유의 이러한 대립에도 불구하고, 두 자유가 **중첩되는 영역**은 상당히 크다. 소극적 자유의 주창자들도 사회에 의한 일정한 간섭을 인정하고 있고, 적극적 자유의 주창자들도, '일반의사와 구별되는 개별의사의 존재를 용납하지 않는' 루소처럼 극단적인 경우가 아닌 한, 개인적 자유의 영역을 인정하지 않을 수 없기 때문이다. 따라서 이번 장에서 우리가 다루고 있는 자유의 문제는 **개인적 자유의 범위와 사회의 간섭의 범위를 어떻게 설정**할 것이냐의 문제로 귀결된다고 해도 과언이 아니다. 사실 근대사에서 자본주의와 사회주의가 대립해왔던 것도 그러한 범위를 둘러싼 갈등의 표출이었다.

개인적 자유에 대한 사회의 간섭의 범위를 설정할 때 가장 먼저 고려해야 할 점은, 개인적 자유가 진리 발견과 문화 창달에 기여할 개성과 창의성을 진작시킴에도 불구하고 **사회가 무슨 이유로 간섭을 해야 하는가** 하는 문제다. 그 첫째는 칸트가 '자유란 너의 자의(恣意)와 나의 자의가 공존할 수 있는 조건이다'라고 말한 것처럼 나의 자유와 동등한 가치를 지니는 **타인의 자유**를 보호하기 위해서다. 이는 소극적 자유를 주장하는 사람들이 '**사회 유해성**'을 간섭의 기준으로 제시하는 것과 같은 맥락이다.

그러나 사회적 간섭이 필요한 이유는 이를 넘어선다. 사회는 평등, 박애, 합리성, 생존 등 **사회가 추구하는 다른 가치들**을 실현하기 위해서도 개인의 자유를 제한할 수 있다. 가령 우리는 자신의 의사와 무관하게 장애인으로 태어난 사람들을 돕는 것이 우리의 의무라고 생각한다. 이러한 생각은 다른 사람의 자유를 침해하지 않기 위해서라기보다는 평등이나 박애와 같은 가치를 실현하기 위해 내 자유에 대한 일정한 제약도 기꺼이 감수하겠다는 각오에서 생긴다. 적극적 자유를 주장하는 사람들이 말하는 '스스로의 주인이 되는 자율적 삶'도 이러한 가치에 포함되는 것은 물론이다. 이러한 맥락에서 보면, 자유는 인간이 추구하는 중요한 사회적 가치이기는 하나 유일한 가치는 아니라는 말이 된다.

따라서 우리는 지적 창의성과 도덕적 자발성을 본질적으로 해치지 않는 범위 내에서, **타인의 자유를 보호하고 자유 이외의 사회적 가치들을 추구하는 데 필요한 간섭의 범위를 사회적으로 합의해 나가야 한다.** 개인적 자유의 범위가 결국 **사회적으로 구성된다**는 이러한 주장은 소극적 자유를 중시하는 사람들에게는 퍽 실망스러운 것일지도 모른다. 그러나 그러한 사회적 합의에 내가 주인으로서 참여할 수 있고, 이러한 주장이 다른 가치를 위해 소극적 자유의 본질이 침해당하는 것까지 용인하는 것은 아니라는 점을 생각해 본다면, 그들의 실망은 훨씬 완화될 수 있을 것이다.

개념 다지기

❶ 자유의지와 자유가 어떻게 다른 것인지 말해 보시오.

❷ 기독교가 자유의지를 가진 인간관을 지지하고 있는 이유는 무엇이라고 생각하는가?

❸ 자유의지에 대한 칸트의 견해를 말해 보시오.

❹ 자유의지에 대한 스키너의 견해를 말해 보시오.

❺ 자유의지에 대한 도킨스의 견해를 말해 보시오.

❻ 소극적 자유를 강조하는 입장의 문제점을 말해 보시오.

❼ 적극적 자유가 무엇인지 설명하고, 적극적 자유를 강조하는 입장의 문제점을 말해 보시오.

❽ 국가로부터의 자유, 국가에로의 자유, 국가에 의한 자유의 논리적 관계를 자유의 딜레마를 중심으로 말해 보시오.

❾ 자유와 간섭에 관한 밀의 견해의 문제점을 말해 보시오.

⑩ 안전띠 착용 의무화에 대한 강한 간섭주의의 입장을 말해 보시오.

_____

_____

_____

_____

⑪ 자유와 간섭의 경계선을 어떻게 그을 것인지에 대한 자신의 입장을 말해 보시오.

_____

_____

_____

_____

논·구술 기출문제

1. 2007 서강대 수시1 논술(자연계): 자유의지와 결정론(칸트, 스키너)
2. 2009 고려대 수시 논술: 지배와 간섭, 자유의지
3. 2010 성신여대 수시1 논술: 소극적 자유와 적극적 자유(자율성과 타율성)
4. 2012 고려대 수시 논술: 자유와 간섭
5. 2013 서울대 정시 논술: 나폴레옹에게 있어서 손금의 의미
6. 2009 서울대 사회대 구술: 소극적 자유와 적극적 자유
7. 2009 서울대 자유전공 구술: 자유의지와 숙명론
8. 2010 서울대 인문대 구술: 자유의지

하나 안에 모두가 있고, 모두 안에 하나가 있다.
하나가 곧 모두이고 모두가 곧 하나다.

‥의상‥

제6장
자아란
무엇인가?

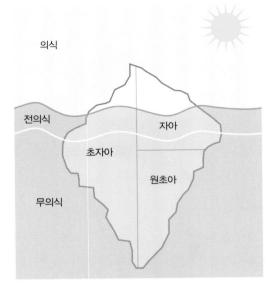

의식

전의식

무의식

자아

초자아

원초아

프로이트가 본 인성의 구조

왼쪽 그림에는 **프로이트**(Freud, 1856~1939)가 생각하는 **인성**(personality)의 구조가 나타나 있다. 프로이트에 따르면, 어린아이는 현실의 상황을 고려하지 않고 오로지 기본적 욕구의 충족만을 원망하는 **원초아**(id)를 발달시키게 된다. 이 원초아는 오로지 **쾌락원리**에 따라 움직인다. 그러나 세상과의 접촉이 늘어남에 따라 주변상황을 고려하지 않는 욕구의 충족이 자신에게 해를 끼친다는 사실을 깨닫고, 아이는 현실의 상황에 맞게 원초아의 욕구를 충족시키는 **자아**(ego)를 발달시킨다. 그런 의미에서 자아는 **현실원리**에 따라 움직인다. 그리고 오이디푸스 콤플렉스●(Oedipus complex)의 극복과 더불어 아이는 부모를 비롯한 양육자가 그에게 부과하는 도덕과 규범을 내면화하여 **초자아**(superego)를 형성하게 된다. 이러한 초자아는 당연히 **도덕원리**에 따른다. 상기한 일련의 과정을 거쳐 아이는 원초아를 무의식의 영역으로 밀어 넣은 채 현실검증 능력과 도덕성을 가진 정상적 성인으로 성장하는 것이다.

무전여행자의 예를 들어 설명해 보자. 제과점 앞을 지나는 그의 원초아는 유리창을 깨고 애플파이를 꺼내 먹을 것을 요구한다. 그러나 그의 자아는 부상이나 처벌 받을 것을 우려하여 원초아의 욕구를 억누르고 차라리 빵집 주인에게 구걸을 해 보라고 말한다. 또한 그의 초자아는 여기에 더하여 절도 행위의 부도덕성을 지탄한다.

이러한 예에서 알 수 있듯이 자아와 초자아의 원초아에 대한 억압과 검열은 인간이 **사회적 존재**로 살아가는 것을 가능하게 한다. 누구나 원초아의 요구대로 행동하여 자신의 욕망을 억누르거나 사회 규범이 허용하는 형태로 그것을 **승화**시켜 표출하지 않는다면, 사회질서

● **오이디푸스 콤플렉스**
(Oedipus complex)
남자 아이가 특정 시기에 어머니에 대한 성적 애착과 아버지에 대한 증오감을 갖게 되는 현상을 뜻하는 정신분석학 용어. 아버지(라이오스)를 살해하고 어머니(이오카스테)를 아내로 맞아들였다 비극을 맞는 테베의 왕 오이디푸스의 신화를 바탕으로 프로이트가 만든 말이다. 남자 아이는 어머니에 대한 애착을 버리고 아버지와 같이 사회규범을 준수하는 남자가 되어 자신의 짝을 찾겠다는 생각을 하게 됨으로써 정상적인 성인으로 성장하게 된다. 한편, 여자 아이가 아버지에 대한 성적 애착을 가지며 어머니를 증오하는 성향은 엘렉트라 콤플렉스(Electra complex)라고 한다.

의 유지는 불가능해지고 인간만의 고차원적이고 세련된 문화는 존재할 수 없게 될 것이다. 그러나 욕망의 억압에는 큰 대가가 뒤따른다. 속으로 눈물을 삼키는 묵묵한 종갓집 맏며느리처럼 자신의 욕구를 지나치게 억누르다 보면, 인간은 **정신병**에 걸리게 되는 것이다.

인성에 대한 프로이트의 모델은 **자아**(self)에 대한 논의에 있어서도 좋은 출발점이 된다. (단, 이제부터 다룰 자아의 개념은 프로이트가 자아라고 불렀던 'ego'보다는 넓은 개념이다.) 자아는 우선 **실체적 관점**에서 파악될 수 있다. 실체란 시간이 흘러도 **자기동일성**을 유지하는 **존재의 본질**을 말한다. 특정 시대와 장소, 그리고 그 속에서 살아가는 구체적 인간의 특성을 고려하지 않는 실체적 관점에서 파악된 자아는 **정신과 신체**다. 물론 앞의 그림에서 신체는 직접 나타나 있지는 않다. 그러나 프로이트가 정신과 의사로서 심리적 억압이 신체적 증상으로 전환되어 나타나는 **노이로제**(neurosis), 즉 **신경증**(가령 종갓집 맏며느리는 신체적 외상이 없는데도 팔이 저리는 수가 있다. 이러한 신경증은 광의의 정신병의 속한다.)을 치료하는 일에 종사했다는 사실을 상기해 본다면, 자아의 또 다른 요소로서의 신체가 앞 그림의 배후에 있다는 것을 쉽게 알 수 있다. 또한 원초아는 근본적으로 신체를 가진 인간에게서 발생하는 욕망의 덩어리라는 점에서도 이는 마찬가지다.

한편 자아는 **관계적 관점**에서도 파악될 수 있다. 인간이 맺는 사회적 관계는 공동체를 구성하는 자아들의 정신과 신체에 침윤되어 그들의 원초적 야수성을 길들이고 그들이 공동체의 구성원으로 살아가는 것을 가능하게 한다. 그런데 사회적 관계의 구체적 양상은 시대와 장소에 따라 달라지는 것이므로, 관계적 관점에서 파악된 자아의 모습은 실체적 관점에서 파악된 자아의 모습과는 달리 **구체성과 다양성을 체현**하고 있을 수밖에 없다. 이번 장에서는 실체적 관점에서의 자아에 대해 살펴봄으로써, 다음 장에 본격적으로 다룰 관계적 관점에서의 자아에 대한 논의에 디딤돌을 놓아 보려 한다.

자기동일성은
유지되는가?

앞서 말한 대로 **실체**(entity)란 시간이 흘러도, 다른 존재자들과 아무리 많은 영향을 주고받아도 결코 변하지 않는 존재의 본질을 말한다. 서양철학사는 그 시조라고 할 수 있는 **탈레스**(Thales)에서부터 변화하는 현상의 배후에 있는 변하지 않는 **본질**을 찾아 온 역사라고 해도 과언이 아니다. 주지하는 바와 같이 탈레스는 세계를 구성하는 근본물질을 **물**이라고 주장했다. (아마도 그는 무역상으로서 바다를 떠돌며, 변화무쌍한 파도와 구름, 폭풍우의 배후에 근본물질로서의 물이 있지 않을까 짐작했을 것이다.) 이러한 그의 주장은 플라톤의 **이데아**에서 기독교의 **신**으로, 나아가 근대철학자들의 **실체** 개념으로 발전했다. 바로 그러한 전통의 영향력 아래서, 17세기의 데카르트(René Descartes, 1596~1650)는 **사유**하는 실체로서의 **정신**과 **연장**(延長, 공간 속에서 차지하는 넓이나 부피를 말함)을 가진 실체로서의 **물질**을 구별하고, 신체는 물질에 속하는 것으로 보았던 것이다. 우리가 이번 장에서 다루는 실체적 관점의 자아 개념은 이렇게 서양철학의 유서 깊은 전통에 그 닻을 내리고 있다.

그러나 불변의 자기동일성을 유지하는 실체는 과연 있는 것인지 의문스럽다. 우리의 신체는 성장과 노화의 과정을 거치며 변해 가고, 우리의 정신도 경험의 확장과 교육의 확대를 통해 변모를 거듭하기 때문이다. 그래서 실체적 관점을 다소 완화하여 '**연속성**'이라는 관점에서 자아정체성을 규정하려는 시도들이 등장하였다. 자아가 불변의 본질이라는 의미에서의 자기동일성을 유지하지는 못한다고 해도 '시간이 흘러도 알아볼 수 있을 만큼의' 연속성을 유지한다는 의미에서의 자기동일성은 가질 수 있으며, 우리가 10년 동안 만나지 못한 친구를 군중 속에서 식별할 수 있는 것도 바로 그러한 이유에서라는 것이다. 그러나 다음에 소개될 플루타르크의 『영웅전』에 나오는 '**테세우스의 배**'에 관한 이야기를 곰곰이 생각해 본다면, 이러한 주장에도 문제가 있다는 것을 발견할 수 있다.

테세우스와 아테네의 젊은이들이 탔던 배는 서른 개의 노가 달려 있었고, 후손들에 의해 그후로도 오랫동안 보수되어 사용되었다. 가령 배의 한 부분에서 부식된 널빤지가 발견되면, 이를 뜯어내고 새로운 널빤지로 바꾸는 식으로 배의 생명을 연장시켰던 것이다. 그런데 세월이 흘러 배의 모든 부분이 새로운 목재로 교체되고 나자 사람들 사이에서는 급기야 다음과 같은 의문이 제기되었다. '이 배는 애초의 그 배인가, 아니면 전혀 다른 새로운 배라고 해야 하는가? 만약 떼어 낸 널빤지들을 모아 두었다가 그것들

자동차의 연속성은 유지되는 것인가, 아니면 완전히 새로운 차인가?

로 배를 다시 조립한다면, 그 배야말로 애초의 테세우스의 배에 더 가까운 것이 아닌가?'

테세우스의 배는 우리의 자아에, 널빤지는 자아의 구성요소에 해당한다고 생각할 때, 위 이야기는 자아정체성에 대한 논의와 관련하여 다음과 같은 두 가지 함의를 드러낸다. **첫째는 연속성이라는 개념의 도입은 결국 자기동일성의 부정을 초래하여 실체적 자아의 개념 또한 부정하는 결과를 낳게 된다는 점이다.** 널빤지를 한두 장 교체할 때까지는 배의 연속성이 유지된다고 볼 수 있지만, 이러한 일이 반복되어 결국 배의 모든 부분이 새로운 목재로 교체되고 나면 배의 자기동일성은 유지되기 어렵기 때문이다. 혹자는 배를 건조하는 재료가 아니라 배의 설계도를 기준으로 한다면 자기동일성은 유지되는 것이 아니냐고 반문할 수 있을 것이다. 그러나 이러한 반문은 설계도에 따라 복원된 문화재가 소실(燒失)된 원본 문화재와 동등한 진정성을 갖는다는 말과 같은 어리석은 주장에 지나지 않는다. 천연 안료 대신 화학 안료를 사용해 단청을 꾸미고 기증목(기증받은 나무) 대신 질 낮은 소나무를 사용해 부실 복원된 숭례문이 조선 초에 세워진 원래의 숭례문과 동일한 것이라 할 수 있는 것인가? (이러한 주장은 어디까지나 소실되기 전의 숭례문이 개축 없이 원래의 형태를 유지하였고, 숭례문의 복원도 엄격히 원래의 설계도에 의거하여 이루어졌다는 가정 하의 얘기다.) 이렇게 볼 때 차라리 따로 모아둔 낡은 널빤지로 재조립된 테세우스의 배가, 구성요소를 다 교체한 후손들의 배보다 정체성을 더 유지하고 있는 것은 아닌가? 아무튼 연속성이라는 개념은 작으나마 변화를 인정하는 것이니만큼, 작은 변화들이 축적되어 전체적 변화가 일어날 경우, 자기동일성은 유지되기 어렵다는 것이 우리의 비판의 골자다.

　　둘째는, 테세우스의 배가 환기시키는 자기동일성에 대한 의문은 인간의 신체뿐만이 아니라 정신에 대해서도 유효하다는 점이다. 신체의 모든 구성요소가 물질대사의 과정을 통해 끊임없이 교체되고 있는 것처럼, 우리의 정신도 백지 혹은 빈 판(tabula rasa)으로 태어나 수많은 경험과 교육을 통해 끊임없이 변신해 가는 것이라 할 수 있기 때문이다. '사람은 변하지 않는다'는 처세훈이 있기는 하지만, 우리는 개과천선(改過遷善)의 사례를 주변에서 왕왕 목격한다. 아나톨 프랑스의 소설 『무희 타이스』에 나오는 알렉산드리아의 고급 창녀 타이스(Thaïs)가 금욕적 수도승 파프뉘스(Paphnuce)의 인도로 과거의 방탕한 삶을 회개하고 수녀원에 들어가지만, 정작 파프뉘스 자신은 그녀를 사랑하게 되어 주변사람들에 의해 '흡혈귀'로 불리게 된 것과 같은 극적인 사례는 아니라도 말이다. (마스네의 〈타이스의 명상곡〉도 이 소설을 바탕으로 한 작품이다.)

이상의 논의를 바탕으로 하여 볼 때, 자기동일성을 토대로 자아정체성을 논하려는 시도에는 명백한 한계가 존재함을 알 수 있다. 그 근본적 이유는, **자아를 비롯한 세계를 구성하는 요소들은 명확한 경계를 가지고 자족적(自足的)으로 존재할 수 있는 실체가 아니라, 주변과 분절될 수 없는 연속성을 가지고 상호의존적인 양태로 존재하는 열린 존재자들이기 때문이다.** 이를테면 무지개의 일곱 빛깔 중 하나인 주황색을 생각해 보자. 그것은 분명한 경계를 지닌다기보다는 연속적인 변화를 보이는 빛의 스펙트럼의 한 부분에 지나지 않는다. 따라서 실제의 무지개를 바라보며 빨강색과 주황색 사이에 경계선을 그어 보려는 시도는 결국 실패할 수밖에 없다. 즉 무지개의 주황색은 인간이 자의적으로 경계를 설정한 결과물에 지나지 않는 것이다. **물론 일상적인 삶을 살아가는 데 있어서는 이러한 경계 설정이 유용하다는 사실을 부인할 수는 없다. 그러나 철저히 근본적인 관점에서 보면 결국 명확한 경계는 없는 것이다.**

우리의 자아도 마찬가지다. 가령 우리의 **몸**은 우리가 먹은 소고기에 의해 구성되며, 그 소고기는 소가 뜯어먹은 풀에 의해 구성된다. 나아가 소가 뜯어먹은 풀은 그것이 흙 속에서 빨아들인 물기나 양분 그리고 광합성의 산물로서의 포도당 등으로 구성된다. 이렇게 볼 때 우리의 몸은 우주적 차원의 상호작용에 노출된 열린계이며, 바로 그러한 이유로 인해 외부 환경의 변화와 더불어 끝없이 변해가는 존재다. 경험과 교육을 통해 다른 사람들의 영향을 받으며 계속해서 변모해 가는 우리의 **정신** 또한 다를 바 없다. 따라서 우리의 자아는 명확한 경계 없이 주변 환경과 교류함에 의해서만 일종의 **동적 평형**을 유지할 수 있는 존재라고 할 수 있다.

그런데 이렇게 근본적으로 실패할 수밖에 없는 실체적 관점에서의 자아 개념을 여기서 논의하는 이유는 무엇인가? 그것은 관계적 관점에서만 자아를 파악할 경우, 사회적으로 구성되는 자아의 변화만을 지나치게 강조하고, 신체를 가진 생물학적 존재이자 정신을 가진 문화적 존재로서의 **인간의 보편적 특징**을 파악하는 일을 등한시할 수 있기 때문이다. 비록 인간의 정신과 신체가 엄밀한 의미에서의 실체는 아니라 해도, 이 둘에 대한 담론이 시대와 장소를 달리하여 살아가는 모든 사람의 **공통된 자기이해의 기반**이라는 점은 분명하다. 그러므로 이번 장에서는 실체적 관점에서의 자아에 대한 고찰을 함으로써, 다음 장에서 다룰 관계적 관점에서의 자아에 대한 인문학적 기초를 다지기로 한다.

정신에
대하여

실체적 관점에서 자아를 파악하는 견해에 따르면, 자아를 구성하는 본질은 정신과 신체라고 말할 수 있다. 여기서 우리가 핵심적으로 다루어야 할 문제 중 하나는, **정신과 신체 중에 무엇이 더 본질적인 것인가** 하는 질문이다. 이런 질문을 함으로써 자아정체성에서 차지하는 정신과 신체의 위상을 더욱 뚜렷이 생각해 볼 수 있기 때문이다. 그런데 이 문제에 대해 접근하는 한 가지 좋은 방법은, **정신의 연속성**은 유지되지만 **신체의 연속성**이 담보되지 못하는 경우와 신체의 연속성은 유지되지만 정신의 연속성은 담보되지 못하는 경우를 각각 나누어 생각해 보는 일이다. 이때 정신의 연속성이란 결국 **기억**을 통해 담보되는 것임을 미리 밝혀 둔다.

기억을 자아의 본질로 보는 관점
먼저 정신의 연속성은 유지되지만 신체의 연속성이 담보되지 못

영화 〈페이스오프〉

하는 사람이 있다면 우리는 그를 동일인으로 간주할 수 있을 것인지 생각해 보도록 하자. 이에 적합한 사례로는 오우삼 감독의 영화 〈페이스오프〉에 나오는 얼굴이 뒤바뀐 두 사내의 이야기나 '원판 불변의 법칙(?)'을 깨뜨리고 성형수술을 통해 환골탈태에 성공한 여성의 경우가 있을 것이다.

신체적 연속성은 어떤 인간이 동일인임을 판단하는 제3자적 증거로서 매우 중요하다. 왜냐하면 페이스오프(얼굴 바꾸기)에 성공한 당사자를 제외한 타인들은 당사자의 마음에 대한 직접지(直接知)를 가질 수가 없고, 따라서 신체적 연속성을 바탕으로 그 사람의 동일성을 확인할 수밖에 없기 때문이다.

그러나 자아정체성이라는 것이 자신에 대한 자기의식에서 비롯되는 것이라는 입장에서 보면 이는 **타당하지 못한 생각이다.** 타인이 나의 신체의 연속성에 대해 어떤 판단을 내리건 결국은 '내가 나라고 생각하는 것'이 나이기 때문이다. 성형수술로 환골탈태에

영화 〈마음의 행로〉의 한 장면

성공한 여성이 있다고 하자. 거울에 비친 생소한 자신의 모습 때문에, 또는 주변사람들의 낯설어하는 태도 때문에, 그녀의 자의식에 얼마간의 변화야 일어나겠지만, 마침내 그녀는 자신의 낯선 외모에도 불구하고 정신의 연속성을 부여잡은 채 자기동일성을 인정하지 않겠는가?

　이렇게 자아정체성이 '바로 이것이 나다'라는 자기의식에 기초한 **것이라면, 신체의 연속성은 유지되지만 정신의 연속성은 담보되지 못하는 경우에 있어서 그러한 당사자를 동일인으로 간주할 수 없음은 분명하다.** 머빈 르로이 감독이 제작한 흑백영화인 〈마음의 행로〉라는 작품이 이를 설명할 적당한 사례일 수 있을 것이다.

　1차 세계대전 때 전쟁의 충격 때문에 **기억상실증**에 걸린 군인과 사랑에 빠져 결혼하게 된 한 여자가 있다. 그런데 어느 날 이 남자가 불의의 교통사고를 당해 그녀와 함께 보냈던 시절에 대한 기억을 상실하고 예전의 삶에 대한 기억을 되찾으면서, 그녀는 예상

치 못한 커다란 고통에 직면하게 된다. (이후에 전개될 이야기는 여러분이 직접 이 영화를 보면서 확인해 보기 바란다. 여러분도 가슴 저미는 이 사랑의 서정시를 결코 잊지 못할 것이다.) 여러분이 만약 이 비련의 여주인공이라면, 이 남자가 자신의 남편이었던 바로 그 사람이라고 고집할 수 있을 것인가? 비록 그가 신체의 연속성을 유지하고 있다고 해도, 그녀와의 결혼 생활에 대한 기억을 되찾지 못하는 한 정신의 연속성은 단절된 것이고, 따라서 그가 예전의 그와 동일한 인물이라고 주장하기는 어렵지 않겠는가?

기억은 정신 자체와 다른 것이다

이렇게 기억을 자아의 본질로 바라보는 관점에 대하여 제기할 수 있는 반론은 **기억이 곧 정신 자체와 같은 것인가** 하는 의문이다. 과거의 경험에 의해 축적된 정보를 떠올릴 수 있는 **정신의 기능**을 기억이라고 할 때, **정신 자체**와 **정신의 한 기능**인 기억이 같지 않음은 너무나 당연하다. (이것은 철수와 철수의 행동이 다른 것이듯이 실체와 속성은 구분된다는 의미다.) 또한 과거의 경험에 의해 축적된 **정보의 총체**를 기억이라고 할 때도, **정신 자체**와 **정신의 내용**으로서의 기억은 마땅히 구분되어야 한다. 그러나 〈마음의 행로〉의 주인공들은 기억을 정신 자체와 사실상 동일한 것으로 간주하면서, 오로지 기억만을 자아정체성의 기준으로 삼는 듯한 태도를 보이고 있다. 이와 관련하여 **트랜스휴머니즘**●을 신봉하는 사람들이 가능하다고 여기는 **싱크코딩**(thinkcoding) 문제에 대해 잠시 생각해 보도록 하자. 이것은 정신 자체와 정신의 내용, 마음 자체와 마음의 내용

●**트랜스휴머니즘**
(Transhumanism)
나노기술, 생명공학 등 첨단 과학기술의 발달에 힘입어 인간 조건이나 인간의 본질 자체가 변할 수 있는 시대가 도래하였으며, 이를 부정적으로 바라보기보다는 새로운 가능성을 실현할 수 있는 기회로 생각하는 입장을 말한다. 가령 쾌락중추를 조절할 수 있는 약의 발명으로 인간은 희로애락을 경험하는 존재가 아니라 늘 행복감을 느끼는 존재가 될 수 있다거나, 나노기술을 활용하여 연필심의 분자구조를 바꾸어 다이아몬드를 생산함으로써 인간이 물질의 희소성에서 해방될 수 있다는 식의 주장이 그 대표적 예다.

이 과연 같은 것인가 하는 의문을 제기하는 문제다.

A라는 갑부의 외동딸이 불치병에 걸려 죽자, A는 딸을 너무나 사랑한 나머지 자신의 재력을 동원하여 첨단과학기술의 힘을 빌려 딸을 복제하기로 결심하였다. 그는 **체세포 핵이식**● 방법을 이용하여 딸과 거의 동일한 유전자를 가진 복제인간을 만들고, 싱크코딩 기계를 이용하여 딸의 머릿속에 있는 정보를 고스란히 다운받아 복제인간의 머릿속에 주입할 수 있다면, 딸과 거의 동일한 신체 및 정신을 가진 존재를 창조할 수 있을 것이라고 생각했다.

이 사례에서 여러분은 불치병에 걸린 외동딸과 그녀의 복제인간이 동일한 정체성을 가지고 있다고 생각하는가? 이식된 체세포의 핵(여기서는 외동딸의 체세포의 핵)에만 유전자가 들어있는 것이 아니라 난자의 미토콘드리아(이것은 다른 난자 기증자가 존재하지 않는 한 외동딸의 어머니의 것이다.)에도 약간의 유전자가 존재한다는 이유로 인해, 그리고 둘의 나이와 성장환경의 차이로 인해, 두 사람의 신체가 완전한 동일성을 가진다고 볼 수는 없다. 그럼에도 불구하고 두 사람의 나이 차이를 무시한다면, 둘은 대체로 일란성 쌍둥이에 버금가는 **신체적 동일성**을 가진다는 사실을 우리는 부인하기 어려울 것이다.

그러나 정신의 경우는 어떠한가? 싱크코딩에 의해 두 사람이 동일한 기억(=동일한 정보=동일한 의식 내용)을 가지게 되었다면, 두 사람의 정신은 과연 동일한 것인가? **마음의 내용은 은막 위에 흐르는 영상에, 마음 자체는 은막에 비유할 수 있다고 할 때, 동일한 영화가 서로 다른 은막에서 상영될 수 있는 것처럼 동일한 마음의 내**

●**체세포 핵이식**(Somatic cell nuclear transfer) 난자의 핵을 제거하고 그 자리에 체세포에서 채취한 핵을 이식하는 것을 말한다. 이를 통해 생성된 배아가 포배기 단계에 이르렀을 때 배아줄기세포를 채취할 수 있으며, 배아를 여성의 자궁에 착상시킴으로써 인간복제를 실행할 수도 있다. 이를 통해 탄생된 인간은 체세포 기증자의 핵속에 들어 있는 유전자를 고스란히 갖게 되므로 체세포 기증자의 복제인간이 된다. 그러나 체세포 핵이식 방법을 통한 인간복제는 법으로 금지되어 있다.

용을 가진 두 사람의 정신(마음 자체)도 결코 동일하다고 볼 수 없지 않은가? 오래전 상업적인 멀티플렉스의 은막에서 상영되었던 영화가, 감독이 죽은 후 기획영화만을 상영하는 예술영화 전문관의 은막에서 상영될 수 있듯이 말이다.

데카르트의 경우

정신과 정신의 활동(기능으로서의 기억), 정신과 정신의 내용(관념 혹은 정보로서의 기억)을 구분하면서도, 정신이 신체보다 자아정체성에 있어서 더 본질적이라는 견해를 제시한 대표적인 인물은 데카르트다. 이미 1권 4장에서 학습한 대로, 데카르트는 **사유**하는 실체인 **정신**과 **연장**을 가진 실체인 **물질**을 구분하고, **신체**를 물질에 속하는 것으로 보았다. 그리고 그는 **육체의 존재에 대하여 의심**을 품음으로써 자아의 본질이 정신에 있다는 사실을 강조했다. 만약 인생이 **꿈**이라면, 그 꿈속에서 지각한 육체의 존재도 현실에 그에 상응하는 실재가 없다는 의미에서 거짓일 수 있다고 여겼기 때문이다. (인생이 꿈이라는 가정은 황당해 보인다. 그러나 꿈에서 깨어나기 전에는 그것이 꿈인지 알 수 없다는 사실을 명심하라. 따라서 인생이 끝나기 전에는 누구도 그것이 꿈이 아니라고 장담할 수 없다.) 그는 결국 꿈(착각이나 악마에게 기만당해서 가지게 된 생각도 마찬가지다.)이 의식 외부의 실재와 일치하지 않는다고 해도, 그러한 꿈과 꿈을 꾸는 주체로서의 '나'는 존재하므로, 이들만은 절대적 확실성을 가진다고 주장하였다. 의식 외부에 있는 신체에 대한 확실성은 담보할 수 없지만, 의식 내적 현상으로서의 관념만큼은(신체에 대한 관념을 포함한다.) 직관적으로 명백하다는 이유에서였다.

이렇듯 데카르트적 자아관에서 중요한 것은 신체가 아니라 정신(혹은 의식)이며, 이러한 의식으로서의 자아는 자신의 의식에 떠오른 관념만을 신뢰하는 유아론(唯我論)적 자아다. 그런데 의식 자체와 (의식의 기능 혹은 내용인) 기억을 명확히 구분하고 있음에도 불구하고, 데카르트적 자아관이 신체의 연속성보다는 기억(정신의 연속성)에 비추어 자아의 동일성을 판단하는 〈마음의 행로〉의 주인공들의 태도와 흡사하다는 사실은 대단히 흥미롭다. 〈마음의 행로〉의 주인공들이 자아정체성 판단의 기준으로 삼고 있는 정신은 기억상실증에 걸린 사람의 정신, 즉 **의사소통적 합리성이 결여된 자의 정신**인데, 이러한 정신은 외부와의 교류가 차단된 데카르트의 유아론적 자아와 크게 다르지 않기 때문이다. 차이점이 있다면, **데카르트는 기억과 실체로서의 정신(주체)을 뚜렷이 구별**하였다는 사실뿐이다.

마음 자체란 무엇인가?

실체로서의 정신과 속성으로서의 정신 활동, 마음 자체와 마음의 내용을 구분하면서 신체보다 정신(마음 자체)을 자아의 본질로 보는 데카르트의 태도는, 마음 자체가 무엇인가를 곰곰이 생각하자마자 여러 가지 난제들에 부딪힌다. 다음에서는 이러한 난제들을 중심으로 정신을 자아의 본질로 보는 관점의 문제점들을 검토해 봄으로써, 신체를 자아의 본질로 바라보는 관점이 대안이 될 수 있는가를 모색해 보려고 한다.

먼저 생각해 보아야 할 문제는 마음의 내용과 구분되는 **마음 자체**란 도대체 무엇인가 하는 점이다. 우리는 보통 머릿속에 있는 관념(기억도 관념의 일종이다.)과 그 관념을 생각하는 의식 자체를 구분하고, 그러한 의식 자체를 '나' 혹은 '자아'라고 생각하는 경향이 있다. 그러나 A라는 관념을 생각하는 나(B)를 과연 우리는 붙잡을 수 있는가? 여러분이 그것을 붙잡았다고 생각할 때, A라는 관념을 생각하는 나(B)를 생각하는 나(C)가 저만큼 도망가고 있다. 이제 A라는 관념을 생각하는 나(B)를 생각하는 나(C)를 붙잡으려 하는 순간, 그 나(C)를 생각하는 또 다른 나(D)가 다시 저만큼 도망을 간다. 그런데 이러한 **무한소급**이 의미하는 바는 무엇인가? **그것은, 우리가 포착할 수 있는 것은 관념 즉 의식의 대상(내용)일 뿐 결코 의식 자체 즉 주체일 수 없다는 것이다.** 대상을 보는 눈이 스스로를 볼 수는 없는 것처럼, 나는 주체로서의 나를 결코 볼 수 없다. 의식으로 포착되는 나는 언제나 이미 흘러간 과거의 나일 뿐이며, 그 나를 바라보고 있는 현재의 나는 결코 모습을 드러내지 않는다.●

그러면 내가 결코 포착할 수 없는 주체로서의 나의 본질은 무엇인가? 여기에 대한 한 가지 대답은 그것이 '무(無)'라는 것이다. 생각하는 주체로서의 나는 존재하지 않는다. 컴퓨터가 정보를 처리하듯 과거의 경험을 통해 내 머릿속에 입력되고 축적된 정보가 새로운 경험을 통해 새로운 정보를 받아들이고 처리하는 과정이 인간의 사유일 뿐이라는 것이다. 가령 주체로서의 내가 있어서 $\lim_{n \to \infty}(\frac{1}{3})^{n-1}$의 값이 0임을 계산하는 것이 아니라, 이전에 입력된 극

● 그럼에도 불구하고 데카르트는 의식 내부의 관념뿐만 아니라 의식 자체를 본 것처럼 주장하였다. 이에 흄은 실체로서의 자아를 부정하고 자아란 이러저러한 관념의 다발일 뿐이라고 반박했던 것이다.

한과 수열에 대한 정보가 새로운 정보로서의 이 식을 처리하고 있을 뿐이라는 것이다. 이러한 관점은 인공지능을 개발하여 인간과 꼭 같은 정신을 가진 **휴머노이드**(humanoid)를 만들 수 있다는 과학자들의 생각과 유사하다는 것에 주목할 필요가 있다. 그들에게 정신이란 뇌라는 물질의 물리·화학작용으로서, 정보처리 능력을 의미하는 **계산적 합리성** 이외의 아무것도 아니다. 따라서 그들에겐 집적된 정보를 바탕으로 새로이 입력되는 정보를 처리하는 능력을 넘어선 주체로서의 정신 혹은 마음 자체란 존재하지 않는 것이다. (이런 점에서 인공지능 과학자들의 관점은 〈마음의 행로〉의 주인공들의 관점과 가깝다. 다만 〈마음의 행로〉의 주인공들은 기억과 구별되는 마음 자체라는 관념을 갖고 있지 않아서 이를 부정할 생각도 하지 않을 뿐이다.)

그러나 **우파니샤드 철학**●의 영향을 받은 불교의 관점은 이와 좀 다르다. 여기서는 선사(禪師)들의 예를 통해 이를 설명해 보고자 한다. 선사들은 참선을 수행함으로써 마음 자체를 만나려 한다. 그들은 마음속에 흘러가는 정보의 혼란스런 흐름을 걷어내고 그 배후에 있는 마음 자체를 포착하기 위해 **화두**(話頭)를 정하여 집중한다. 화두에 못을 박아 끝없이 이어지는 다른 잡다한 생각의 흐름을 차단한 다음, 그 못마저 뺌으로써 마침내 모든 마음의 내용을 제거하고 마음 자체를 만나려는 것이다. 그런데 놀라운 사실은, 그들이 그렇게 만난 마음 자체는 경험적 자아를 벗어난 **우주자체**이며, 일체의 한계를 벗어난 **무한과 절대의 마음**이라는 사실이다. 이러한 경계가 없는 마음을 **원효는 한마음** 혹은 **일심**(一心)●이라고 하였다. 결국 선사들이 만난 마음 자체는 우리가 경험적으

● **우파니샤드 철학**
브라만교의 경전인 『베다』에 속하는 것으로서 산스크리트어로 '스승의 발 아래에서 직접 전수받는 신비한 지식'이라는 의미를 갖는다. 대우주의 본체인 브라만(Brahman: 梵)과 개인의 본질인 아트만(Ātman:我)이 일체라고 하는 범아일여(梵我一如) 사상을 근간으로 한다.

● **일심**(一心)
원효대사는 『금강삼매경론』과 『대승기신론소』에서 하나의 마음으로 돌아가(還歸一心) 모든 생명에게 이로움을 주는 삶을 강조하였는데, 이를 일심사상이라 한다. 일심사상에 관심이 있는 사람은 철학자 한자경의 『일심의 철학』을 일독할 것을 권한다. 평생 '나는 누구인가?'를 연구해 온 한자경 교수의 역작인 『일심의 철학』은, 특히 제2장의 경우 노벨문학상을 받기에도 손색이 없는 명문이라는 게 필자의 생각이다.

로 알고 있는 나의 마음, 즉 경계가 있는 실체로서의 마음이 아니므로 역시 공(空)이요, 무(無)인 것이다.

　선뜻 이해가 되지 않는다면 185쪽 둘째 단락의 내용을 다시 한번 상기해 보라. 나의 몸은 내가 먹은 소고기에 의해 구성되며, 그 소고기는 소가 뜯어먹은 풀에 의해 구성되고, 그 풀은 광합성의 산물로서의 포도당으로 구성되는 것이라면, 그리고 광합성에 사용된 햇빛의 원천인 태양이 존재하기 위해 우주 전체의 역사가 필요한 것이라면, 나의 몸에 우주 전체가 관통하고 있고 나의 자아가 곧 우주 전체가 아니겠는가? 그리고 어떠한 경계도 없는 우주 전체가 바로 나라면, 어떤 의미에서 그것은 공(空)이요 무(無)● 가 아니겠는가?

　물론 선사들의 마음 자체에 대한 이해 방식은 앞서 언급한 과학자들의 인간 정신에 대한 이해와는 사뭇 다르다. 인공지능 과학자들은 인간의 정신을 이성 혹은 합리성만으로 파악하며, 그것도 컴퓨터에 의해 대체될 수 있는 **계산적 합리성**으로만 간주한다. 따라서 정보처리 능력을 넘어선 마음 자체나 주체의 존재는 인정하지 않는다. 그러나 선사들은 마음 자체가 경험적 자아의 경계를 넘어선 **초월적인 것**으로 보며, 무한하고 절대적인 것이라 생각한다. 두 부류 모두 마음 자체를 무(無)로 간주하지만, 제각기 무에 부여하는 의미는 다른 것이다. 아래의 두 편의 시를 감상하며 과학자들의 생각과 구별되는 불교적 자아 개념이 어떤 것인지 여러분 스스로 음미해 보기 바란다.

● 왜냐하면 사물은 경계를 가짐으로써만 인식될 수 있기 때문이다. 가령 내 손의 사과는 사과의 외부와 경계를 이룸으로써 사과로 인식된다. 만약 무한히 큰 사과가 있어 그 경계를 볼 수 없다면 내 눈에 보이는 것은 끝없는 붉은 공간일 뿐이다. 그러나 그 무한한 공간은 경계가 없기에 무엇으로도 규정될 수 없는 것이므로, 그런 의미에서 공이고 무인 것이다.

To see a world in a grain of sand

And a heaven in a wild flower,

Hold infinity in the palm of your hand

And eternity in an hour.

- 윌리엄 블레이크 〈순수를 꿈꾸며Auguries of Innocence〉 중에서

하나 안에 모두가 있고, 모두 안에 하나가 있다. (一中一切多中一)

하나가 곧 모두이고 모두가 곧 하나다. (一卽一切多卽一)

- 의상, 『법성계』 중에서

신체에
대하여

자아정체성에 관한 논의에서 신체를 정신보다 더 중시하는 견해를 소개하기 전에, 지금까지 우리가 무엇을 논의해 왔는가를 간단히 정리해 보기로 하자. 먼저 우리는 자아정체성이 '바로 이것이 나다'라는 자기의식에 기초한 것이라는 점에서, 기억이나 의식 자체를 중핵적인 것으로 간주하는 견해를 살펴보았다. 그다음 의식 자체란 무엇인가를 궁구해 봄으로써, 그것을 서로 다른 의미의 무(無)로 간주하는 과학자들과 선사들의 견해를 살펴보았다. 결국 이들에 따르면, 데카르트가 말하는 실체로서의 정신(경계를 가진 개개인의 정신을 의미한다.)은 존재하지 않는 허상에 불과한 것이었다. **그렇다면 이들의 입장에서 실체적 자아 관념의 또 다른 요소인 신체는 어떤 위치를 차지하고 있는 것일까?** 먼저 선사들을 비롯한 불교사상의 관점에서 이 문제를 간략히 살펴본 다음, 과학자들의 관점에서 이 문제를 다루어 보도록 하겠다.

불교에서의 신체

앞에서 말한 대로 불교사상의 근간은 '나'의 신체와 정신을 의미하는 경계를 가진 자아를 부정하고 일체의 연기(緣起)와 전일적(全一的) 세계관을 강조하는 것이다. **따라서 자아정체성에 대한 논의가 개인적 자아의 자기동일성을 의미하는 한, 불교사상에서 신체를 자아정체성의 중핵으로 간주할 여지는 거의 없다고 할 수 있다.** 우리는 이와 같은 사상적 경향을 실학자 **박지원**이 쓴 『**열하일기**』의 「일야구도하기(一夜九渡河記)」에서도 확인할 수 있다.

그런데, 나는 어제 하룻밤 사이에 어느 강을 아홉 번이나 건넜다. (…) 내가 아직 요동 땅에 들어오지 못했을 무렵, 바야흐로 한여름의 뙤약볕 밑을 지척지척 걸었는데, 홀연히 큰 강이 앞을 가로막아 붉은 물결이 산같이 일어나서 끝을 볼 수 없었다. (…) 그건 그렇고, 그 위험이 이와 같은데도, 이상스럽게 물이 성내어 울어 대진 않았다. 배에 탄 모든 사람은 요동의 들이 넓고 평평해서 물이 크게 성내어 울어 대지 않는다고 말했다. 그러나 이것은 물을 잘 알지 못하는 까닭에서 나온 오해인 것이다. 요하가 어찌하여 울지 않았을 것인가? 그건 밤에 건너지 않았기 때문이다. 낮에는 눈으로 물을 볼 수 있으므로 그 위험한 곳을 보고 있는 눈에만 온 정신이 팔려 오히려 눈이 있는 것을 걱정해야만 할 판에, 무슨 소리가 귀에 들어온다는 말인가? 그런데, 이젠 전과는 반대로 밤중에 물을 건너니, 눈엔 위험한 광경이 보이지 않고, 오직 귀로만 위험한 느낌이 쏠려, 귀로 듣는 것이 무서워서 견딜 수 없는 것이다.

아, 나는 이제야 도(道)를 알았도다. 마음을 잠잠하게 하는 자는 귀와 눈이 누(累)가 되지 않는데, 귀와 눈만을 믿는 자는 보고 듣는 것이 더욱 밝아져서 큰 병이 된다는 것을 깨달았다. 이제까지 나를 시중해 주던 마부가 말한테 발을 밟혔기 때문에, 그를 뒷수레에 실어 놓고, 내가 손수 고삐를 붙들고 강 위에 떠 안장 위에 무릎을 구부리고 발을 모아 앉았는데, 한번 말에서 떨어지면 곧 물인 것이다. 거기로 떨어지는 경우에는 물로 땅을 삼고, 물로 옷을 삼고, 물로 몸을 삼고, 물로 성정(性情)을 삼을 것이라●. 이러한 마음의 판단이 한번 내려지자, 내 귓속에선 강물 소리가 마침내 그치고 말았다. 소리와 빛은 모두 외물이다. 이 외물이 항상 사람의 이목에 누(累)가 되어, 보고 듣는 기능을 마비시켜 버린다. 그것이 이와 같은데, 하물며 강물보다 훨씬 더 험하고 위태한 인생의 길을 건너갈 적에 보고 듣는 것이야말로 얼마나 치명적인 병이 될 것인가?

– 박지원, 『열하일기』

● 박지원이 '거기로 떨어지는 경우에는 물로 땅을 삼고, 물로 옷을 삼고, 물로 몸을 삼고, 물로 성정(性情)을 삼을 것이라.'라고 생각하며 자아와 물이 일체임을 강조한 것은, 결국 자아를 우주 전체와 같은 것으로 간주하는 일심 혹은 범아일여 사상의 표현이다.

위에 인용된 『열하일기』의 일부분에서 박지원이 말하고자 하는 바를 두 문장으로 정리하면 다음과 같다. 첫째, 감각경험의 내용은 어떤 상황에서 어느 감각기관에 집중하느냐에 따라 달라지는 것이므로 신뢰할 수 없다. 둘째, 일체는 마음먹기에 달렸으므로(一切唯心造), 마음의 중심을 잡아 경험을 초극하여 세상을 살아나가야 한다.

이러한 박지원의 주장을 자아에 대한 관점으로 재구성하면 다음과 같을 것이다. 첫째, 불완전한 감각경험을 제공하는 신체를 자아의 중핵으로 삼을 수는 없다. 둘째, 우리의 자아는 물과 일체이므로, 강물소리를 두려워하지 말고 마음의 힘으로 그것을 무화(無化)시켜야 한다.

이와 같이 박지원을 통해 드러나는 불교사상의 자아관은, 감각 경험의 원천으로서의 **신체를 불신**하며 개인적 자아를 넘어 우주 전체와의 합일을 지향하는 **초월적 자아관**이라고 할 수 있다.

과학에서의 신체

대개는 유물론자인 과학자들은 인간의 사고 작용을 **뇌의 물리 · 화학적 현상**으로 간주하며 물질과 구별되는, 사유하는 실체로서의 정신(주체, 마음 자체)의 존재를 부정한다고 전술한 바 있다. 과학의 실증주의적 정신은 경험적으로 확인할 수 없는 것을 무의미한 것으로 간주하므로 눈에 보이지 않는 실체로서의 정신이나 자유의지 따위를 인정할 여지는 없는 것이다. 따라서 과학적 관심의 대상이 되는 것은 물질로서의 뇌와 엄격한 인과법칙에 종속되는 정신의 기계적 작용일 뿐이다. 바로 이런 의미에서 그들은 인공지능의 발전이 인간의 정신을 대체할 수 있을 것이라고 생각하는 것이다.

그러나 과학자들이 물질과 물질에 관철되는 인과법칙을 규명하는 데만 관심이 있고 인간의 정신 또한 물질 작용으로만 이해하려 한다고 하여 **그들이 물질에 속하는 신체를 신뢰한다고 오해해서는 결코 안 된다.** 뮐러-라이어(Franz Müller-Lyer)의 **착시**를 예로 들어 그 이유를 설명해 보기로 하자.

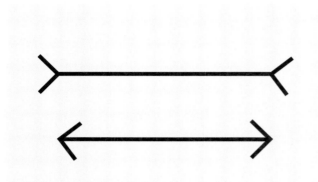

뮐러–라이어의 착시

위 그림은 독일의 정신과의사 뮐러–라이어가 고안한 착시 그림이다. 두 선분의 길이에 유의하여 이 그림을 유심히 들여다보라.

우리의 자연적인 지각으로는 아래에 있는 선분보다 위에 있는 선분이 더 길어 보인다. 그러나 자로 재어 보면 두 선분의 길이는 꼭 같다. 따라서 자와 같은 측정 도구에 의한 교정이 이루어지지 않는 한 우리의 자연적 지각은 착각으로부터 결코 자유로울 수 없을 것 같다.

그렇다면 이러한 뮐러–라이어의 착시가 자아정체성에 대한 우리의 논의와 관련하여 가지는 함의는 무엇인가? 그것은, **신체를 바탕으로 하는 자연적 지각은 착각을 초래하는 경우가 많아서 객관적 실재를 반영하는 데 한계가 있고, 따라서 이러한 불완전한 신체를 자아정체성의 근간으로 간주할 만큼 신뢰할 수는 없다는 것이**다. (따라서 과학자들은 신체적 지각의 불완전성을 극복하는 방법으로 관찰과 실험의 기법을 발달시켰다.) 즉 과학의 정신은 눈에 보이지 않는 것을 믿지 않으면서도 눈에 보이는 그대로를 신뢰하지도 않으며, 정신마저 신체의 연장선으로 치부하면서도 신체 그 자체를 완전한 것으로 생각하지 않는 것이다.

그러나 우리의 신체와 결부된 자연적 지각은 과학자들이 말하는 것처럼 그토록 신뢰할 수 없는 것일까? 다음에서는 신체의 지각이 세계를 이해하는 더 근원적이고 자연스러운 방식임을 보여줌으로써 자아정체성에 관한 논의에서 신체를 정신보다 더 중시하는 견해가 있음을 소개하려고 한다.

몸이 더 근원적이다!

우리의 신체적 지각은 착각(illusion)에만 빠질 정도로 어리석지는 않다. 가령 **모양 항등성**(shape constancy)에 관한 아래의 그림을 보라. 실제로는 변할 수 없는 문의 모양이 문이 열림에 따라 변하는 것처럼 보인다. 그러나 여러분은 문의 모양이 시시각각 변하는 것으로 지각하고 있는가? 그렇지 않을 것이다. 아무리 문의 모양이 변화하는 것으로 망막에 투사되어도 우리의 지각은 문이 직사각

선형 조망 단서와 크기 지각

형임을 굳게 믿고 있다. 다시 말해 신체적 지각은 언제나 착각에 빠질 만큼 어리석지는 않은 것이다.

다른 예를 하나 더 들어 보자. 위 그림에서 여러분은 왼쪽에 있는 사람과 맨 오른쪽에 있는 사람 중 누가 더 크다고 지각하는가? 만약 배경 그림 없이 세 사람의 모습만 주어졌다면, 동일한 크기의 사람이 망막에 투사되어 여러분의 지각은 셋의 크기 차이를 감지하지 못할 것이다. 그러나 그림에서처럼 **선형 조망 단서**(linear perspective cue)가 주어진다면, 여러분의 지각은 맨 오른쪽에 있는 사람이 멀리 있다는 사실을 감지하고 그가 앞에 있는 사람보다 훨씬 더 크다는 것을 알아차릴 것이다.

이상의 두 그림에 대한 설명으로부터 우리가 얻을 수 있는 함의는 무엇인가? 그것은, **우리의 신체적 지각은 대상을 보이는 대로만 지각하는 것이 아니라 그 대상에 대한 축적된 경험과 그 대상이 놓여 있는 배경을 고려하여 '자연스럽게' 지각한다는 것이다.**

이런 관점에서 보면, 뮐러-라이어의 착시가 우리에게 주는 교훈, 즉 신체의 지각은 착각에 빠질 수 있으므로 신뢰할 수 없다는 교훈이야말로 이 세계를 수학적 계량화의 방식으로만 이해하려는 **과학지상주의의 오만함**일지도 모른다. 오늘날 객관적 인식이라고 자부하며 자연을 계량화시켜 이해하는 과학적 사고방식은, 대상을 배경과의 유기적 관련성 속에서 이해하는 자연스러운 신체적 지각의 장점을 보지 못하고 자연을 구성하는 요소들에만 집중하는 오류를 범하고 있는 것이다. 이러한 근대과학의 편견을 **화이트헤드**(Whitehead, 1861~1947)는 '**잘못 놓인 구체성의 오류**●(fallacy of misplaced concreteness)'라고 불렀다.

아무튼 신체적 지각의 근원성과 우선성을 이해하지 못하는 과학적 사고방식은 명백히 잘못된 것이며, 인간의 지성이 추상화를 하기 이전에 신체적 지각은 대상을 배경 속에서 이해하는 능력을 가지고 있다는 것이 신체를 자아정체성의 근간으로 보려는 사람들의 입장이다. 그들의 입장에서 보면 인공지능을 개발하여 인간의 정신을 대체할 수 있다는 견해는 매우 불합리한 것인데, 그 이유는 바로 컴퓨터가 근원적 지각 능력을 가진 인간의 신체를 가질 수 없기 때문이다. 다음에서는 이와 관련된 현대철학자 **드레이퍼스**(Dreyfus, 1929~)의 견해를 간단히 소개하고자 한다.

인간과 컴퓨터

컴퓨터와 기술에 대한 철학을 발전시키고 있는 드레이퍼스는, 인간과 컴퓨터의 차이를 **직관적 능력**의 소유 여부에서 찾는다. 인간은 자신의 목표와 목표 달성의 방식을 직관적으로 결정할 수 있는

● **잘못 놓인 구체성의 오류** (fallacy of misplaced concreteness)
화이트헤드는 영국 출신의 수학자, 철학자로 케임브리지 대학을 졸업하고, 말년에 하버드대의 교수가 되었다. 그의 철학은 근대과학의 위기를 직시하고 과학적 우주관의 오류를 비판하는 것이었는데, '잘못 놓인 구체성의 오류'가 이를 대표한다. 예를 들면 뉴턴의 물리학에서는 유클리드적 시공 좌표상의 일정한 위치로 물체를 표현한다. 이것은 구체적인 사실을 지극히 추상적인 논리로 변환시킨 것이다. 그럼에도 불구하고 일단 추상화가 이루어지고 나면 그것은 교조화되어 추상적인 관념이 구체적인 실재로 오인되기에 이른다. 그러나 모든 대상은 반드시 사건의 장 속에서 일정한 맥락을 가지고 다른 대상들과 유기적 관련을 맺으면서 출현한다는 사실을 잊어서는 안 된다(유기체의 철학). 그럼에도 불구하고 근대과학은 기계론적 세계관과 요소로의 환원 및 자연의 수학적 추상화에 집착하여 구체적이고 생생한 경험과 그것의 의미를 잃어버리게 된 것이다.

반면, 컴퓨터는 분석적으로만 할 수 있다는 것이다. 가령 사람은 걷기 **전문가**다. 우리는 학교에서 집까지 걸어간다는 목표와 걸어가는 구체적 방식에 대해 분석적으로 사유하지 않는다. 직관적 능력을 활용하여 그냥 걸어가는 것이다. 또한 의사는 병원 응급실에 두 사람의 응급환자가 도착했을 때, 한눈에 어느 환자를 우선적으로 돌볼 것인가를 결정할 수 있다. 그러나 컴퓨터는 그렇지 못하다. 지금까지 입력된 정보를 분석하여 특정한 목표와 목표 달성 방법을 찾아낼 뿐이다.

물론 컴퓨터는 더 많은 정보를 기억할 수 있고 이를 계산적 합리성에 따라 처리할 수 있기에, 주어진 일의 초보적 단계에서는 인간을 앞지르는 능력을 발휘한다. 그러나 이 세상에는 수많은 변수와 변수들의 상호작용이 있으며, 이를 모두 데이터화 하여 컴퓨터에 입력한다는 것은 거의 불가능하다. 따라서 아무리 성능이 향상된 컴퓨터라도, 직관적 능력을 발휘하여 일을 처리하는 전문가적 단계에 이른 인간에게는 상대가 되지 못한다. (경기장에 관련된 수많은 정보를 입력한 컴퓨터도 축구선수 메시의 직관적 능력을 결코 가질 수 없을 것이다.)

그런데 인간과 컴퓨터를 이렇게 갈라놓는 직관적 능력의 차이는 어디에서 오는가? 드레이퍼스는 이러한 차이를 낳는 것이 신체라고 단호하게 주장한다. "아무리 정교하게 구성된 기계라도 그것이 인간과 다를 수밖에 없는 것은 분리된 비물질적인 영혼 때문이 아니라, 분리되지 않은 상황적이고 물질적인 **신체** 때문이다." 그에 따르면 인간의 신체는 어떤 대상을 지각할 때 '**지각되는**

대상이 아닌 것' 즉 배경이 되는 것까지도 지각한다. (204쪽 그림을 상기해 보라.) 또한 인간의 신체는 과거의 경험을 바탕으로 상상력을 발휘하여 '지각되는 모습 이상의 것'도 지각한다. (203쪽 그림을 상기해 보라.) 만약 여러분이 컴퓨터도 그럴 수 있다고 생각한다면 그것은 이미 입력된 정보와 지시에 한해서만 그렇다는 사실을 잊고 있기 때문이다.

결국 드레이퍼스의 관점에서 보면, **인공지능을 개발하여 인간의 정신을 대체하려는 과학자들의 시도는 실패할 수밖에 없다.** 컴퓨터는 주변상황을 직관적으로 파악하는 신체에 기초한 인간의 정신 능력을 결코 가질 수 없기 때문이다. 오히려 과학자들의 그러한 시도는 인간의 이성을 **계산적 합리성으로만 축소**시켜 이해하려는 어리석은 행위라고 비판받아야만 한다. 또한 과학자들은 그러한 인간의 이성적 능력은 결국 근원적 지각 능력을 가진 인간의 신체에서 온다는 사실을 명심해야 할 것이다.

❶ 인간이 사회적 존재라는 관점에서 원초아, 자아, 초자아의 관계를 설명하시오.

❷ '테세우스의 배'가 자아정체성과 관련하여 함축하는 바는 무엇인가?

❸ 정신의 연속성과 신체의 연속성 중 자아정체성의 기준이 되기에 더 적합한 것은 무엇인지 설명하시오.

❹ 기억과 정신 자체는 어떻게 다른 것인가?

❺ 데카르트의 자아에 대한 관점을 설명하시오.

❻ 과학과 불교에서 마음 자체가 무(無)라고 생각하는 이유는 어떻게 다른가?

❼ 「일야구도하기」에서 박지원이 생각하는 자아에 대한 관점을 추론해 보시오.

❽ 자아정체성과 관련하여 과학자들이 신체에 대해 가지는 태도를 설명하시오.

❾ 사물에 대한 신체의 지각이 이성의 이해보다 더 근원적이라는 말의 의미는 무엇인가?

⑩ 인간과 컴퓨터의 차이는 무엇이라고 생각하는가?

논·구술 기출문제

민족은 제한되고 주권을 가진 상상의 정치공동체다 .

•• 베네딕트 앤더슨 ••

제7장
자아와
사회

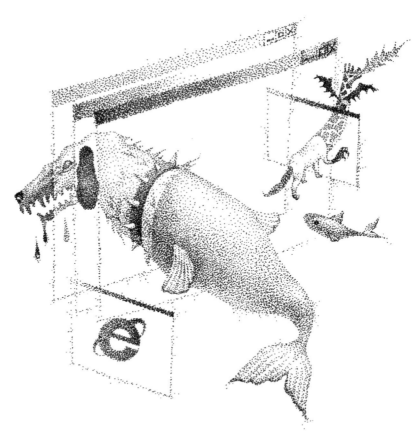

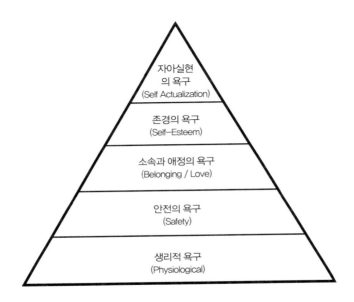

매슬로우의 욕구 5단계설

인본주의 심리학자 **매슬로우**(Maslow, 1908~1970)는 인간의 욕구●를 하위단계에서부터 상위단계로 계층적으로 배열한 '욕구 5단계설'을 주장했다. 그에 따르면 욕구는 인간의 행동을 일으키는 동기요인이며, 낮은 단계의 욕구가 충족되어야 비로소 높은 단계의 욕구가 발생한다. 생리적 욕구, 안전의 욕구, 소속 및 애정의 욕구, 존경의 욕구가 1단계부터 4단계까지의 욕구를 구성하는데, 매슬로는 이를 **결핍 욕구**라 불렀다. (결핍 욕구의 구체적 내용은 216쪽의 표를 참조) 결핍 욕구는 **한 번 충족되면 더는 행동의 동기로서 작용하지 않는 특징**을 갖고 있다. 가령 생리적 욕구에 포함되는 식욕을 생각해 보라. 자장면 곱빼기를 먹어 이미 식욕을 채운 사람에게 먹고 싶은 욕구가 행동의 동기로 작용할 수 있겠는가? 따라서 생리적 욕구를 충족한 사람들은 그다음 단계의 욕구인 안전의 욕구를 추구하게 된다. 그런데 이것은 바꾸어 말하자면 생리적 욕구가 충족되지 못한 사람은 안전의 욕구를 추구할 겨를조차 없음을 의미한다. 목숨을 걸고 국경을 넘는 **탈북자**들을 생각해 보라. 그들이 북한의 국경 경비대 소속 군인들에게 총살당할 위험을 무릅쓰고 압록강을 건너는 것은 바로 주린 배를 채우기 위해서다. 즉 생리적 욕구의 충족을 위해 안전의 욕구를 도외시하고 있는 것이다. 이렇게 보면 **낮은 단계의 욕구가 더 강력하고 일차적인 욕구**라고 아니할 수 없다.

이에 비해 5단계 욕구인 **자아실현의 욕구**는 충족이 될수록 더욱 증대되는 **성장 욕구**에 해당한다. 자아실현의 욕구는 한 개인이 자신이 가지고 있는 가능성을

● **욕구**(needs)
매슬로우의 욕구는 영어로는 needs에 해당하나, needs라는 말은 보다 고차원적인 심리적 욕망(psychological desire)과 구별되는 생리적 욕망(physiological desire)에 국한된 의미로 쓰이는 경우가 많다. 따라서 생리적 욕망과 심리적 욕망을 모두 포괄하는 매슬로우의 욕구라는 말은 일상적 의미에서의 욕망(desire)을 뜻하는 것으로 해석함이 옳다.

결핍 욕구

생리적 욕구	생명 유지를 위한 욕구로서 가장 기초적인 의식주에 관한 욕구에서부터 성적 욕구까지를 포함한다.
안전의 욕구	위험, 위협, 박탈 등으로부터 자신을 보호하고 불안을 회피하고자 하는 욕구다.
소속과 애정의 욕구	사회적이고 사교적인 욕구로서 소속감 혹은 우정이나 사랑과 같은 욕구가 이에 해당한다.
존경의 욕구	타인으로부터 인정과 존경을 받고자 하는 욕구로서 자신감, 성취감 등에 대한 욕구다.

현실화하려는 욕구로서 **인지적 욕구, 심미적 욕구** 등을 포함한다. 열반을 증득 (證得)하기 위해 한평생 수행에 정진하는 스님들이나 눈 수술을 12차례나 반복하며 새로운 소설(모더니즘 소설)을 쓰려고 노력했던 **제임스 조이스** 등을 생각해 본다면, 여러분은 자아실현의 욕구가 왜 성장 욕구인지 쉽게 이해할 수 있을 것이다.

그런데 자아실현을 하는 사람이 많은 것은 **개인적으로나 사회적으로 모두 바람직한 일**이다. 일본의 노벨상 수상 작가인 **오에 겐자부로**의 『'나의 나무' 아래서』라는 책에서 대략 이런 내용의 글귀를 읽은 기억이 있다. 세상에는 두 부류의 사람이 있는데, 한 부류는 자기가 원하던 존재가 된 사람이고, 다른 한 부류는 그렇게 되지 못한 사람이라는. 이 글귀는 한 개인의 일생을 통틀어 자아실현만큼 중요한 것이 또 있을까 하는 생각을 새삼 하게 해 준다. 물론 자아실현은 사회적으로도 중요하다. 자아실현을 하는 사람이 많은 사회에는 개성 있고 창조적이며 능동적인 삶의 양식들이 많아지고, 따라서 그 사회의 문화는 활력 있게 발전한다.

바로 이러한 관점에서 개인의 자유와 존엄을 으뜸가는 사회적 목표로 표방하고 있는 **자유주의**● 사회가 가장 바람직한 사회일 뿐만 아니라, 자본주의와의 결합을 통해 낮은 단계의 욕구를 충족시킬 수 있는 물질적 풍요를 가져다줌으로써 현실적으로도 자아실현에 가장 적합한 사회라는 생각이 널리 퍼지게 된 것이다. 스탠포드대학의 일본계 미국인 **프란시스 후쿠야마**(Francis Fukuyama, 1952～) 교수가 『**역사의 종언**』을 운위한 것도 이러한 맥락에서다. 그에 의하면 세계사란 어떤 체제가 인간을 더 행복하게 해 줄 수 있느냐 하는 관점에서 체제 경쟁의 역사라고 할 수 있는데, 구 공산권 붕괴 이후 세계사는 자유민주주의–자본주의 체제의 승리로 끝났으며 그런 의미에서 역사는 더는 변화가 필요 없는 종말의 단계에 이르렀다는 것이다. 그의 이러한 주장 속에는 개인의 자아실현을 촉진시키는 체제가 가장 바람직한 체제이며, 자유민주주의–자본주의 체제가 그러한 체제의 이상적 형태라는 신념이 도사리고 있다.

그러나 자유민주주의–자본주의 사회가 개인의 자아실현에 가장 적합한 사회가 되기 위해서는 보완해야 할 여지들도 많다. 이번 장에서는 이 문제를 시작으로 해서 자아와 사회에 관련한 다양한 쟁점을 우리가 살고 있는 이 시대를 배경으로 숙고해 보고자 한다.

● **자유주의**(liberalism)
1권 6장에서 소개한 대로 자유주의란 개인의 자유와 권리를 보호하기 위해 국가의 권력이 제한되어야 한다는 정치사상이다. 절대왕정을 무너뜨리고 시민혁명을 성공시킨 시민들의 사상이었던 자유주의는, 19세기 중반을 전후하여 성장한 노동계급의 참정권 확대라는 민주주의적 요구를 수용하여 자유민주주의로 발전한다. 그리고 정치 체제로서의 자유민주주의는 경제적 자유와 창의를 바탕으로 하는 자본주의 경제체제와 조화롭게 결합하여 서구식 근대화의 모델이 되었으므로, 우리는 통상 자유민주주의–자본주의를 불가분의 체제로 인식하는 경향을 갖게 되었다. 자세한 내용은 1권 6장을 참고하기 바란다.

자유민주주의-자본주의는
자아실현에 가장 적합한 체제인가?

● 이러한 고전적 자유주의의 믿음과는 달리 최근의 신자유주의는 목표 선택의 자유보다는 수단 선택의 자유에만 매달리는 천박함을 보여주고 있다. 인생의 목표는 이윤 또는 효용 극대화로 정해져 있고, 그러한 목표 달성을 위한 수단 선택의 자유만이 강조되고 있기 때문이다.

인간의 욕망은 삶의 원동력으로서 **욕망**이 없는 삶은 사실상 죽음이라고 말할 수 있다. 매슬로우에 따르면 이러한 욕망 중 으뜸가는 것이 '**자아실현**'의 욕구인데, 이것은 생리적 욕구와 같은 기본적 욕구들의 충족을 전제로 한다. 따라서 다른 어떤 체제보다도 자유민주주의-자본주의가 자아실현에 가장 적합한 체제라는 주장들이 드물지 않게 제기된다. 자유주의를 근간으로 하는 자유민주주의는 개인이 인생의 **목표**를 선택할 자유와 그러한 목표를 달성하는 데 적합한 **수단**을 선택할 자유를 지고의 가치로 여기기에 개인의 자아실현을 사회적 이상으로 하는 체제일 수밖에 없다.●

더구나 자유민주주의와 친화력 있게 결합된 자본주의는 인간의 물질적 삶을 풍요롭게 하여 다른 어떤 체제보다 구성원의 생리적 욕구를 위시한 기본적 욕구를 잘 충족시켜 준다. 이렇게 충족된 기본적 욕구를 바탕으로 개인은 보다 고차원적인 가치를 추구할 수 있는 것이므로, 자유민주주의-자본주의는 역사상 개인의 자아실현에 가장 도움이 되는 체제라는 것이다. 여기에 대한 비판을 본격적으로 하기 전에 이러한 관점을 대표하는 경제학자 **미제스** (Ludwig Edler von Mises, 1881~1973)의 주장에 귀를 기울여 보자. (여러분은 자유주의와 자유민주주의 그리고 자본주의를 거의 동의어로 생각하고 아래의 글을 읽으면 이해가 쉽게 될 것이다.)

자유주의자의 관점

결론적으로 말하면, 자유주의는 인류의 외부적이며 물질적인 복지를 증진시키는 것 이외에는 관심이 없으며, 인간의 내면적이며 정신적이고 형이상학적인 욕구에 대해 직접적인 연관을 갖고 있지 않다. 자유주의가 인류에게 행복과 안심입명(安心立命)을 약속하는 것은 아니며, 단지 외적 사물들로 충족될 수 있는 인간의 모든 욕구를 가능한 한 풍부하게 채워줄 것을 약속하고 있을 뿐이다.

자유주의는 그것이 이 세상의 일시적인 것들에 대해 지니는 순전히 외형적이며 물질적인 태도로 인하여 때때로 비난받아 왔다. 사람들은 인간의 삶이란 먹고 마시는 것이 전부는 아니라고 한다. 이들에 의하면 자유주의의 가장 심각한 오류는 자유주의가 인간이 지닌 보다 깊고 고상한 바람을 충족시켜줄 수 있는 것이라곤 아무것도 없다는 데 있었다고 한다.

그러나 자유주의가 인류의 물질적인 복지에 대해서만 관심을 쏟는 것은 그것이 정신적인 것들을 경멸하고 있기 때문이 아니라 어떠한 외형적인 규제 조치도 인간의 가장 내밀하고 고상한 것에 도달할 수는 없다는 확신 때문이다. 즉 자유주의는 인간의 내면생활을 발전시켜 나아가는 데 필요한 외형적 전제조건들을 마련해 주는 것만을 목표로 하고 있다. 예를 들어 10세기에 살던 사람들이 겨우 연명해 나갈 수 있을 만큼의 생계수단을 마련하느라 걱정하거나 그의 적들로부터 받는 공격의 위험 때문에 하루도 마음 편할 날이 없었던 것에 비하면, 비교적 번성하고 있는 20세기인이 그의 정신적인 욕구를 훨씬 더 쉽게 충족시킬 수 있다는 것은 의심의 여지가 없다.

– 미제스, 『자유주의』

미제스에 대한 비판

미제스의 주장에 대해 가능한 비판은 첫째, 그가 자본주의 사회에 존재하는 **빈익빈부익부**의 현실을 가볍게 취급하고 있다는 점이다. 현대 복지국가에서는 이러한 현상이 다소 완화되었다고는 해도, 자본주의 체제 하에서 상당수의 노동자와 도시빈민을 비롯한 사회적 박탈계급이 생리적 욕구의 충족에 있어서조차 어려움을 겪는다는 사실은 여전히 변함이 없다. 이러한 상황에 처한 빈자들이 자아실현을 꿈꾸기는 애당초 어려운 일인 것이다.

그의 주장에 대한 두 번째 비판은, 과연 어떠한 외형적 규제 조치도 인간의 내밀하고 고상한 것에 도달할 수 없는 것인가 하는 점에 관한 것이다. 무릇 인간의 내면세계는 그가 살고 있는 역사적, 사회적 조건의 반영이라는 점에서, 미제스의 주장은 수용되기 어렵다. 통찰력 있고 합당하게 계획된 사회적 조건은 인간의 내면세계를 고양시킬 수 있기 때문이다. 오히려 우리는 **자유민주주의−자본주의의 객관적 현실이 어떻게 우리의 내면세계를 병들게 하는지**에 관심을 기울여야 한다. 자본주의 사회에 살고 있는 상당수의 사람들은, 설혹 그들의 생리적 욕구를 충족시킬 수 있다고 해도, 다음의 이유로 **안전, 소속 및 애정, 존경의 욕구를 충족시키기에 어려움**을 느낀다. 상당수의 육체노동자와 사무직 노동자들은 극심한 경기변동 속에서 언제 해고당할지 모르는 위협을 느끼므로 안전의 욕구를 충족시키기 어렵다. 또한 그들은 동료들과의 피 말리는 경쟁 속에서 회사에 대한 소속감이나 동료들에 대한 애정을 느끼기 매우 어렵다. 나아가 자신의 노동이 상품으로 취급당하는 현실 속에서 존경받는다는 느낌을 가지기는 더더욱 어렵다. 그러나 이 모든 욕구를 어렵게 충족시킨 사람이라고 하더라도 **자아실현의 욕구를 충족시키는 것은 이보다 훨씬 더 어려운 일일 것이다.** 이 내용은 조금 더 상세히 살펴보도록 하자.

자본주의, 특히 **광고와 판매기술이 소비를 조장하는 소비자본주의** 하에서는 **결핍 욕구의 충족이 지연되고** 나아가 자아실현이 **사이비**(似而非)**자아실현**으로 전락하는 일이 허다하다. 매슬로우는 결핍 욕구는 일단 충족되면 더는 행위의 동기로 작용하지 않는다고 하였지만, 소비자본주의 하의 현실은 결코 그렇지 않다. 가령 과시적 소비를 통한 차별화와 지위 상승을 위한 모방을 부추기는 광고에 길들여진 우리는, 추위로부터 우리를 보호해 줄 옷

소비를 통한 자신의 표현

을 입는 것에 만족하는 것이 아니라 더 화려하고 값비싼 옷을 끝없이 갈망한다. 이러한 소비행태 속에서 생리적 욕구의 하나인 옷에 대한 욕구의 충족은 계속해서 지연되고 마는 것이다. 어디 그뿐인가? 소비를 통해 자신을 표현하며 자아정체성을 획득하려는 우리에겐, 자아실현이란 '인지적 · 심미적 욕구'의 만족이라기보다는 결국 나를 남과 구별하기 위해 화려하고 값비싼 옷을 입거나 지위 상승을 위해 그러한 욕구를 모방하는 것이 아니겠는가? (모방할 경제적 형편이 안 될 때는 모조품, 즉 소위 짝퉁이라도 구매하게 된다.) 이쯤 되면 소비자본주의 하에서 자아실현이 사이비 자아실현으로 전락했다는 말이 결코 과장이 아님을 알 수 있다.

물론 소비자본주의 사회에서의 자아실현은 사이비 자아실현에 불과하다는 비판에 대하여 **재반론의 여지**가 전혀 없는 것은 아니다. 자아실현이란 무에서 유를 창조하는 것이 결코 아니며, 존재하는 모델 중 몇 가지를 취사선택해서 이루어지는 '**모방을 통한 재창조**'라고 할 수 있기에, 소비자를 무작정 따라하기나 하는 멍청한 존재로 간주하는 것은 지나친 비판이라는 이유에서다. 그러나 이것은 아파트 평수나 자동차의 종류를 가지고 사람을 평가하는 세태를 모른 척하는 무책임한 발상이다. 이러한 재반론은 창작의 고통에 대한 체험 없이 함부로 혼성모방(소위 짜깁기)을 옹호하는 얕은 포스트모더니스트의 주장과 다를 바가 전혀 없는 것이다.

요컨대 자본주의가 역사상 유례 없는 물질적 풍요를 이룩함으로써 생리적 욕구를 충족시키는 데 가장 유리한 체제이며 나아가 자아실현을 위해서도 가장 적합한 체제라는 주장은 그대로 수용될 수 없다. 더 높은 수준의 **경제적 평등**과 **인간에 대한 존중** 그리고 **개성 있는 정신문화**를 이룩하려는 노력이 뒤따를 때만 그러한 주장은 비로소 더 높은 설득력을 가질 수 있는 것이다.

덧붙이는 말

여기서 매슬로우의 욕구단계설과 관련된 몇 가지 사실만 더 언급하고 자아와 사회에 관한 다음의 쟁점으로 넘어가려고 한다. 첫째는 위에서 논의된 내용에도 불구하고 매슬로우 자신이 자유민주주의-자본주의 체제가 자아실현에 가장 적합한 체제라는 견해를 직접 표명한 적이 있는지 필자로서는 확인하지 못했다는 사실이다. 오히려 그의 이론은 일단 체제에 대한 믿음과는 무관하게 전개된 것으로 보인다. 다만 그의 이론이 자유주의의 신념을 미화하는 데 악용될 소지가 있으므로, 이를 차단함으로써 자아실현을 강조하는 자유주의 사회의 맹점을 비판적으로 살펴보는 것이 우리의 목적인 것이다.

둘째는 그럼에도 불구하고 매슬로우의 이론은 다음과 같은 이유에서 자유주의의 신념을 반영하고 있다는 점이다. 무릇 인간의 욕망은 다른 사람들의 욕망을 모방하는 데서 생겨난다. 문학이론가 **르네 지라르**(R. Girard)는 『낭만적 거짓과 소설적 진실』에서 '**욕망의 삼각형**' 이론을 제시하였는데, 이는 욕망하는 주체와 욕망의 대상 사이에는 늘 욕망을 중개하는 모델 혹은 타자가 존재한다는 주장이다. 가령 플로베르(Flaubert)의 소설 『**보바리 부인**』의 여주인공 엠마 보바리는, 그녀가 사춘기 시절에 읽었던 삼류소설들에 나오는 여주인공들의 욕망을 모방함으로써 스스로 낭만적 연애에 대한 환상을 갖게 되었다. 만약 이와 같이 욕망이라는 것이 결국 타인의 욕망을 모방하는 데서 발생하는 것이라면, 매슬로우가 분류하고 단계화한 욕구들은 결국 그가 살고 있던 미국사회에서 학습되고 모방되는 욕망에 지나지 않는다. 우리가 가진 욕망이 어떻게 형성되고 그것이 가진 문제점이 무엇인가에 대한 성찰적이고 비판적인 인식이 없다면, 욕망에 대한 어떠한 분류나 단계적 구성도 결국 자신이 발을 딛고 사는 사회의 욕망의 구조를 동어반복적으로 충실히 기술하는 데 지나지 않는다는 것이다.

아울러 그가 5단계로 분류한 욕구의 체계를 너무 경직되게 이해해서는 안 된다는 지적도 첨부하고 싶다. 그 어떠한 욕구도 보는 각도에 따라서는 5단계를 구성하는 다른 모든 욕구에 해당될 수 있다는 말이다. 가령 김○○ 베이커리나 장△△ 케이크라는 빵집에서 장인 정신으로 빵을 만드는 사람에겐 음식에 대한 욕구는 생리적 욕구를 넘어 존경의 욕구나 자아실현의 욕구도 될 수 있듯이 말이다. 물론 대학자 매슬로우가 이러한 사실을 몰랐다고 생각되지는 않는다.

혼종성의 자아와 세계화

세계화(globalization)란 인적 · 물적 자원들이 국경을 넘나들며 교류되는 현상을 지칭하는 말로서 인류의 역사가 시작된 이후로 거의 단절 없이 진행되어 왔던 과정이라고 할 수 있다. 다만 **정보화 사회**로 일컬어질 정도로 교통 · 통신이 발달한 오늘날에 이르러서야 세계화의 정도가 전례 없이 가속화되고 세계화에 대한 담론 또한 만개했다는 점은 분명하다. 이렇게 최근에 이르러 양적으로 팽창하고 질적으로 심화된 세계화가 우리의 자아에 미치는 영향은 지대하다. 그리고 그러한 영향 중 가장 중요한 것은 자아의 혼종화 경향일 것이다. 여기에서는 세계화를 바라보는 네 가지 관점을 소개한 후, 이를 토대로 세계화 시대의 혼종성(hybridity) 담론에 대해 고찰해 봄으로써 자아와 세계화의 관계를 숙고해 볼 기회를 갖고자 한다.

세계화를 바라보는 네 시각

보수와 진보 이데올로기를 기준으로 해서 보았을 때, 세계화를 바라보는 시각에는 논리적으로 다음의 네 가지가 있을 수 있다.

세계화를 바라보는 네 가지 시각

지향 이데올로기	국지적	세계적
좌파(진보)	A	D
우파(보수)	B	C

A는 주로 **약소국 진보주의자**들이 취하는 입장으로서, 오늘날 전형적인 **반세계화**(anti-globalization)주의자들의 관점을 대변한다. 이들에게 **경제적 의미**에서의 세계화란 약소국이 세계자본주의의 수직적 분업 질서 내에 주변국으로 편입되어 중심국인 선진국에 종속되는 과정에 지나지 않는다. 커피 생산과 같은 부가가치가 낮은 산업에 특화한 주변국들은 전자산업과 같이 부가가치가 높은 산업에 특화한 선진국과 **부등가교환**(unequal exchange)을 하게 됨으로써 결국 선진국에 착취당하는 결과만을 맞이하게 된다고 보는 것이다. **임마누엘 월러스타인**(I. Wallerstein)의 세계체제론이 이러한 입장을 대변한다. 또한 이 입장은, **문화적 관점**에서 보아도 세계화란 각국의 문화가 선진 자본주의 문화로 **획일화**되고 주변국들의 문화적 종속이 심화되는 과정일 뿐이라고 생각한다.

한편 B는 **약소국 보수주의자**들이 취할 수 있는 입장이다. 경쟁력이 떨어지는 신흥공업국의 **유치산업**을 보호, 육성하기 위하여 신흥공업국의 자본가나 그들의 이익을 대변하는 국가가 **보호무역정책**을 사용하는 경우가 이에 해당된다. 1920년대의 **물산장려운동**도 이러한 관점에서 이해할 수 있다. 당시 민족자본가들은 시장의 개방으로 인해 값싸고 질 좋은 선진국의 상품이 수입될 경우 그들이 생산한 재화의 경쟁력이 하락할 것을 우려하여 노동자를 비롯한 서민들의 애국심에 호소함으로써 국산품의 애용을 장려했다고도 볼 수 있는 것이다.

반면 C는 **선진국 보수주의자**들이 주로 취하는 입장이다. 선진국 자본가들의 입장에서 보면, 세계화는 더 많은 재화를 판매하고 더 유리하게 자본을 투자할 수 있는 기회를 그들에게 제공해 준다. 물론 이들의 입장에서 보면 약소국들도 세계화를 통해 분업과 교역의 이득을 누리고 선진국과 같은 성장의 기회를 가질 수 있을 것이다. 따라서 C는 최근에 **세계화**(globalization)를 주도하는 사람들 대부분이 견지하고 있는 입장이라고 보아도 무방하다.

그러나 D는 일부의 **선진국 진보주의자**들과 이에 동조하는 소수의 약소국 지식인들이 취하는 입장으로서, 사상사적으로 **국제 공산주의 운동**●의 정신을 계승하고 있는 독특한 입장이다. 『제국』이라는 책으로 잘 알려진 이탈리아 출신의 정치학자 **네그리**(A. Negri)가 이 입장을 대표한다. 네그리는 하트(M. Hardt)와의 공저인 『제국』에서 세계자본주의를 외부도 없고 단일한 중심도 없는 하나의 제국(Empire)으로 간주하면서, 소수가 거대한 부를 통제하고 다수의 대중이 무력하고 빈곤하게 살고 있는 이 제국의 모순에 맞서기

● **국제 공산주의 운동**
프롤레타리아 국제주의의 기치 하에 '만국의 노동자여 단결하라!'고 호소했던 마르크스와 엥겔스의 1848년 공산당선언(Communist Manifesto)에서 비롯되었다. 이러한 정신은 1864년의 제1인터내셔널, 1889년의 제2인터내셔널을 거쳐, 1919년 레닌의 지도 아래 제3인터내셔널인 코민테른(Comintern)이 모스크바에서 창립됨으로써 현실화되었다. 코민테른은 마르크스-레닌주의에 기초하여 각국의 공산당에 그 지부를 두고 각국의 혁명운동을 지도하고 지원하였다. 그러나 국제주의를 포기하고 '일국(一國)사회주의'를 내세웠던 스탈린에 의해 1943년 코민테른이 해체된 후 국제 공산주의 운동은 제대로 된 국제적 조직을 가지지 못하였다. 하지만 제2차 세계대전 후 미국의 마셜플랜(유럽부흥계획)등을 통해 서방의 반공산주의 공세가 강화되자 이에 대응하기 위해 1947년 소련, 폴란드, 유고슬라비아, 프랑스 등 9개국의 공산당, 노동자당 대표가 폴란드의 바르샤바에 모여 코민포름(Cominform)을 창설하였다. 코민테른이 국제 공산주의 운동의 세계적 지도조직이었던 데 비하여, 코민포름은 '정보의 교류와 활동의 조정'을 목적으로 하는 지역조직에 불과했다.

● 대항-세계화(counter-globalization)
하나의 제국을 이룩한 세계 자본주의의 모순을 전 지구적 차원에서 이해하고, 이를 극복하기 위한 투쟁도 대항-제국(counter-Empire)을 구축하여 전 지구적 차원에서 수행하는 것을 의미한다. 이러한 대항-세계화의 가능한 사례로 토빈세(Tobin's tax)의 채택을 들 수 있을 것이다. 토빈세란 국제 자본 거래에 세금을 부과하여 투기적 자본 이동을 줄이고 이를 통해 확보된 세금을 빈국의 개발에 지원하자는 취지에서 경제학자 토빈이 주장한 것인데, 토빈 자신의 이데올로기적 입장이 무엇이든 토빈세의 도입은 대항-세계화의 한 수단이 될 수 있을 것이다.

위해 **대항-세계화**●(counter-globalization)를 이루어야 한다고 주장하고 있다. 대부분의 **민족주의 좌파**가 반세계화를 통해 지역 국가의 경제와 문화를 선진국의 자본과 문화로부터 지켜 내려는 투쟁을 하고 있는 것을 비판하며, 세계적 차원에서 사회적 모순을 이해하고 이를 극복하기 위한 투쟁을 전개할 것을 강조하고 있는 것이다.

그런데 세계화건 대항-세계화건 자신의 지향을 **세계적 차원**에 두고 있는 사람들은 **정체성**(자아정체성이나 집단정체성)을 자연적이고 불변적인 것이 아니라 사회적으로 구성되는 **가변적인 것**으로 보고 있다는 사실에 유념해야 한다. 가령 네그리의 경우, 정체성은 **동질성과 이질성을 동시에 생산해 내는 체제의 산물**로서, 체제에 따라 변화하는 가변성을 띨 수밖에 없다고 본다. 이러한 그의 주장을 우리의 정체성에 적용하여 생각해 보자. 조선시대 유교 양반관료 체제 하에서 우리의 정체성과 현대 자유민주주의-자본주의 체제 하에서의 우리의 정체성은 확연히 다르다. 또한 유교 양반관료 체제 하에서도 사회 구성원 사이에는 동질성과 이질성이 공존했고, 자유민주주의-자본주의 체제 하에서도 그러한 사정은 마찬가지다. 이와 같이 정체성이란 동질성과 이질성을 동시에 창출해 내는 체제의 산물인 것이지 자연적이고 고정불변의 것은 아닌 것이다. 따라서 네그리는 **지역화**(localization)는 자연적이고 고유한 정체성, 즉 그 지역만의 이질성을 수호하는 과정이고, **세계화**는 모든 것을 획일화, 동질화시키는 과정이라는 생각은, 정체성에 대한 근본적으로 잘못된 관점에서 비롯되는 오류라고 주장한다. 지역화가 동질성과 이질성을 동시에 생산해 내는 과정인 것처럼 세계화도 동질성과 이질성을 동시에 생산해 내는 과정이므로, 세계화가 문화와 정체성의 획일화를 가져오지는 않는다는 것이다.

생각건대 개인이나 집단의 정체성이 외부 요소와의 혼합을 통해 변화하는 과정 없이 순수한 형태로 존속되는 것은 불가능한 일일 것이다. 국경을 넘나들며 인적 · 물적 자원의 교류가 활발해지는 세계화 시대에는 사정이 더욱 그렇다. 그러나 정체성의 핵심적 요소들이 **연속성**을 유지하지 않는다면 개인이나 집단의 삶은 방향성을 잃고 표류하게 될 것이라는 점 또한 분명하다. 이하에서는 이러한 점을 염두에 두고 혼종성 담론을 중심으로 세계화 시대의 자아정체성에 대한 논의를 심화하여 볼까 한다.

혼종의 순기능과 역기능

혼종이란 서로 다른 요소들이 혼합되어 만들어진 새로운 결과물 혹은 그러한 결과물이 만들어지는 과정을 의미한다. 가령 말과 당나귀의 잡종인 노새 혹은 두 종의 결합으로 노새를 만들어 내는 과정이 혼종이라는 것이다. 같은 맥락에서, 우리의 관심의 초점인 문화 현상으로서의 혼종은, 분리된 개별적 문화들이 서로 뒤섞여 창출되는 새로운 문화 혹은 그러한 문화가 창출되는 과정을 뜻한다. 이러한 문화 현상으로서의 **혼종**은 인류의 역사와 더불어 시작된 것으로서 **모든 문화의 존속 요건**이라 할 수 있다. 어떠한 문화도 자기 자신에게로만 환원되는 순수한 원형을 유지한 채 지속

된다고 볼 수는 없기 때문이다.

우리 문화도 혼종 없이 존속될 수 없기는 마찬가진데, **간다라**(Gandhara) 미술의 영향을 받은 **석굴암**이 좋은 예일 것이다. 간다라 미술은 헬레니즘 미술의 영향을 받아 AD 1세기경 인도 서북부 쿠샨(Kushan) 왕조 치하의 간다라 지방에서 발달한 미술을 말한다. **사실적**(寫實的)인 표현, 유럽인을 연상시키는 이목구비를 특징으로 하는 간다라 양식의 불상은 동시대 인도 중부의 전통적 양식의 **마투라**(Mathura) 불상과는 뚜렷한 대조를 이룬다. 그런데 쿠샨 왕조 치하에서 발달한 대승불교가 동북아로 전파되는 과정에서 간다라 양식도 함께 전파되었고, 그 간다라 양식의 영향을 받아 석굴암이 만들어진 것이다. 이렇게 보면 결국 인도 문화, 나아가 헬

간다라 불상, 마투라 불상, 석굴암 본존불

레니즘 문화가 우리의 전통 문화에도 영향을 미친 것이니 석굴암은 우리 문화도 혼종 없이 존속될 수 없다는 사실을 잘 입증해 주는 비근한 사례라고 할 수 있다.

이렇게 문화 현상으로서의 혼종은 모든 시대, 모든 장소에서 보편적으로 진행되어 온 과정이라고 할 수 있다. 그러나 **혼종성**(hybridity) **담론**이 학계에 등장한 것은 비교적 최근의 일이다. 문화 현상으로서의 혼종이 가지는 현실적 순기능과 역기능을 살펴보기 전에 우선 혼종성 담론이 **정체성에 관한 인식**에 어떤 변화를 초래했는지부터 간단히 검토해 보기로 한다.

하버드대 인문학 센터의 책임자로서 혼종성 담론을 주도해 온 학자 중 한 명인 인도 출신의 **바바**(H. Bhabha) 교수에 따르면, 탈식민시대를 배경으로 한 혼종성 담론은 문화제국주의에 대한 비판을 이끌어내면서 식민 종주국과 피식민국 양자에 존재하는 **정체성에 관한 본질주의**의 근간을 흔들어 놓았다. 바바는 인도 출신답게 영국의 식민지였던 인도의 문화적 정체성이 무엇인가를 고민한 끝에, 인도 문화는 영국의 자문화중심주의의 관점에서 이해되어서도 안 되며 인도 고유의 고정불변의 정체성이 있다는 관점에서 이해되어서도 안 된다는 결론을 내렸다. 다시 말해, 자기동일성의 확장이라는 식민 종주국의 환상뿐만 아니라 토착성의 보존이라는 피식민국의 환상 또한 깨뜨림으로써, 정체성에 관한 본질주의를 배격하려는 것이 그의 의도인 것이다. 바바에 따르면, "모든 형태의 문화는 지속적으로 혼종화의 과정 속에 있다(All forms of culture are continually in a process of hybridity)."

그렇다면 문화 현상으로서의 혼종이 가지는 **현실적 순기능**은 무엇인가? 그것은 한마디로 말하면 상이한 두 문화 사이에 존재하는 차이를 중재하는 제3의 문화를 낳을 수 있다는 점이다. 고급 문화와 대중문화 사이에 가교를 놓을 수 있는 크로스오버, 전통 문화와 서구적 근대 문화의 장점들을 유연하게 흡수할 수 있는 복합적 정체성을 가진 신세대의 출현 등이 혼종의 순기능을 잘 보여 주는 사례라고 할 수 있다. 환언하면, 혼종은 '우리 대 그들'이라는 이분법적 사고방식을 지양하여 **사회적 갈등을 해소**해 주고, 상이한 문화의 공존만을 지향하는 다문화주의를 넘어 제3의 **새로운 문화를 창출**함으로써 사회와 문화의 발전에 기여하는 순기능을 발휘할 수 있는 것이다.

그러나 혼종이 항상 긍정적인 기능만을 하는 것은 아니다. 문화 간의 힘이 비대칭적일 경우 혼종은 **강한 집단의 문화 가치를 일방적으로 대변**할 가능성이 높다. 한 가지 예를 들어 보자. 히스패닉들이 많이 살고 있는 미국 서부에서는 스페인식 영어인 스팽글리시(Spanglish)가 많이 사용되고 있는데, 완벽한 영어를 구사하는 이주 2, 3세대들은 부모가 구사하는 스팽글리시를 문화적 열등감을 가지고 바라보는 경우가 많다. 그럴 법도 한 것이 혼종으로서의 스팽글리시는 결국 스페인어보다 강한 영어의 힘을 인정하는 바탕 위에 만들어진 것이기 때문이다. (물론 스팽글리시의 존재는 콩글리시(Konglish)를 사용하는 사람들보다는 히스패닉의 힘이 강하다는 것을 보여 주는 것이기도 하다.) 그런데 부모님이 구사하는 스팽글리시를 보며 느끼는 문화적 열등감은 결국 자아의 열등감이기도 하다. 왜냐하면 이주 2, 3세대들은 혼종성의 자아를 가지고 있고, 스페인어와 스페인 문화는 자신의 자아정체성의 일부이기 때문이다.

　마지막으로 우리가 검토해 보고자 하는 것은 요즘 논의되고 있는 혼종성 담론이 가진 위험성이다. 최근의 **혼종성 담론**에서는 **중심과 주변, 안과 밖, 주체와 대상의 구분**이 분명하게 강조되지 않고 있다. 그러나 이러한 구분 없이 이루어지는 문화 간의 혼종은, 특히 문화 간 권력이 비대칭적인 상황에서는 중심과 안 그리고 주체의 죽음으로 이어질 수 있다. 우리가 일제강점기의 **민족문화 말살정책**에 강력히 저항했던 이유도 혼종이 곧 죽음임을 각성했기 때문이 아니었던가? 따라서 세계화나 혼종성에 대한 논의는 **개방성** 못지않게 **주체성**도 견지하는 가운데 수행되어야 함을 새삼 강조할 필요가 있다. 그리고 이것은 한류의 붐을 타고 다른 나라에로 진출하려는 우리문화가 겸허한 자세를 취해야 하는 이유를 제공해 주기도 한다. 혼종은 두 주체 간의 만남을 통한 발전을 의미하는 것이어야지 주체의 죽음을 의미하는 것이어서는 결코 안 되기 때문이다.

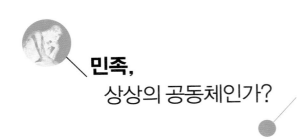

민족,
상상의 공동체인가?

개인의 정체성이 사회적으로 구성된다는 입장에서 보았을 때, 민족에 대한 논의를 빼놓을 수 없다. 개인의 정체성을 구성하는 가장 중요한 부분 중 하나가 민족이기 때문이다. 특히 민족정체성에 대한 논의가 중요한 사회적 · 학문적 쟁점으로 부상한 세계화, 다문화 시대에는 사정이 더욱 그렇다.

민족이란 무엇인가?

민족을 바라보는 관점에는 다음 표에 나타난 바와 같이 크게 세가지가 있다. 첫째는 민족을 **혈연** 집단으로 바라보는 관점으로서 **근원주의**라고도 불린다. 이 관점은 내가 어느 민족에 속하느냐 하는 것이 출생과 더불어 자연적으로 결정된다고 보는 **객관주의**적 입장이다. (여기서 객관주의란 말은 주관적 선택이 개입할 여지가 없다는 의미다.) 과거에 우리나라에서는 우리 민족을 **단일민족**이라고 불렀는

민족이란

혈연으로 이루어진 집단	비정치적 동질성 강조	⬇ 열린 민족주의
문화와 역사를 함께하는 집단		
동일한 국가의 구성원(=국민)	정치적 동질성 강조	

데, 이것이 그 좋은 사례라고 볼 수 있다. 이러한 입장을 대변하는 김구 선생의 『백범일지』의 한 대목을 읽어보도록 하자.

> 철학도 변하고 정치경제의 학설도 일시적인 것이나 민족의 혈통은 영구적이다. 일찍이 어느 민족 안에서나 종교로 혹은 학설로, 혹은 경제적 · 정치적 이해의 충돌로 두 파, 세 파로 갈려서 피로써 싸운 일이 없는 민족이 없거니와, 지내어 놓고 보면 그것은 바람과 같이 지나가는 일시적인 것이요, 민족은 필경 바람 간 뒤의 초목 모양으로 뿌리와 가지를 서로 걸고 한 수풀을 이루어 살고 있다. 오늘날 좌우 익이란 것도 결국 영원한 혈통의 바다에 일어나는 일시적인 풍파에 불과하다는 것을 잊어서는 안 된다. 이 모양으로 모든 사상도 가고 신앙도 변한다. 그러나 혈통적인 민족만은 영원히 성쇠흥망의 공동 운명의 인연에 얽힌 한 몸으로 이 땅 위에 남는 것이다.
>
> – 김구, 『백범일지』

그러나 이와 같은 입장은 사회구성원의 단결력을 높인다는 장점은 있지만 그 타당성이 지지되기는 어렵다. 『삼국유사』의 「가락

국기」에 나오는 다음의 한 대목만 살펴보아도 그러한 이유는 너무 자명하다.

저는 아유타국의 공주입니다. 성은 허(許)이고 이름은 황옥(黃玉)이며, 나이는 16세입니다. 본국에 있을 때인 금년 5월에 부왕께서 황후와 함께 저를 돌아보시고 말씀하시기를, "아비와 어미가 어젯밤 꿈에 함께 하늘나라의 상제님을 뵈었단다. 상제께서 말씀하시기를, '가락국의 시조 수로(水路)를 하늘이 내려 보내어 왕위에 앉았으니, 신령스럽고 거룩한 이는 오직 그 사람이 있을 뿐이다. 그런데 새로 나라를 다스리고 있지만 아직까지 배필을 정하지 못하였다. 경들은 모름지기 공주를 보내 그의 배필로 삼아라.'라고 하시고는 말씀을 마치자 다시 하늘로 올라 가셨단다. 눈을 뜬 뒤에도 상제의 말씀이 여전히 귀에 있는 듯하구나. 너는 여기서 얼른 부모와 작별하고 그곳을 향해 떠나거라."라고 하셨습니다. 그래서 저는 바다 저 멀리와 하늘 저 멀리까지 당신을 찾아 다녔습니다. 그리하여 지금 용안을 가까이 하게 되었습니다.

결국 윗글의 내용은 가야의 한 나라인 가락국의 시조 김수로의 부인이 아유타국 출신의 외국인이라는 사실이다. 아유타국이 인도에 있었느냐 티베트에 있었느냐 등의 논쟁은 우리의 관심사가 아니다. 우리에겐 단일한 혈통이라는 것이 과학적으로는 물론 **역사적으로도 근거가 희박**한 이야기라는 점이 중요할 뿐이다.

민족을 바라보는 두 번째 관점은, 민족이 **역사와 문화를 공유하**

는 **집단**이라는 것이다. 이 관점 또한, 역사와 문화를 한 개인이 선택하거나 좌우하는 데 있어 한계가 너무 크다는 점에서, 기본적으로 **객관주의적** 입장이라 할 수 있다. 그러나 역사와 문화는 연속성을 유지하는 가운데 변화하는 것이며, 역동적 시기에는 개인들의 실존적 결단이 과거와의 상당한 단절을 초래하기도 한다는 점에서 약간의 **주관주의적** 요소를 내포하고 있기도 하다. 가령 터키 공화국 건국의 아버지인 **케말 파샤**가 아랍어 대신 알파벳을 사용하는 **문자 개혁**을 단행함으로써 터키의 문화적 정체성이 일시에 변화하기도 하였듯이 말이다.

상기한 두 관점이 민족의 비정치적(非政治的) 동질성을 강조하는 입장인 데 반해, 셋째 관점은 **정치적 동질성**을 강조하여 **동일한 국가의 구성원**을 민족이라고 보는 입장이다. 이 입장은 서양 근대의 **민족국가**(nation-state)의 형성과 밀접한 관련이 있다. 주지하는 바와 같이 중세의 유럽 사회에는 민족과 민족국가가 존재한다고 보기 어려웠다. 그 당시에는 유럽 전역을 로마 가톨릭이 종교적으로 지배하는 가운데 여러 왕조국가들이 세속적인 권력 다툼을 벌이고 있었는데, 왕권신수설에 의해 신의 대리자로서 지상을 통치한다는 관념에 젖어 있었던 왕조국가들이 명확한 영토적 경계와 그 안에 살고 있는 민족이라는 개념을 가질 수는 없었기 때문이다. (신이 일정한 영토와 특정한 민족만을 통치한다는 것은 사리에 맞지 않는 일이다.) 그러나 명확한 영토를 가진 근대국가가 형성되면서 그 내부 구성원들의 결속력을 높이기 위해 민족은 **발명**된다. 동일한 국가 내에서 법적 권리와 의무를 공유하는 사람들인 국민에게 '혈통과

● **내셔널리즘**

'nationalism'은 서양에서 국가주의, 국민주의, 민족주의를 두루 뜻할 수 있지만, 분단으로 인해 통일된 민족국가를 아직 갖지 못한 우리의 입장에서는 내셔널리즘을 어떻게 번역할 것인지 문제가 된다. 가령 대한민국을 지상의 가치로 여기는 입장은 국가주의로, 남과 북의 국민을 모두 합하여 단합을 강조할 때는 민족주의로 번역하는 것이 적절하겠다.

역사를 공유'한다는 신념을 심어준다면 일체감을 더 높일 수 있었기 때문이다. 영어 단어 'nation'●이 **국가, 국민, 민족**을 모두 뜻하는 것도 바로 이러한 이유에서다. 즉 'nation'은 근대에 국가를 만들며, 그 구성원인 국민을 혈통과 역사를 같이하는 민족으로 벼려낸 정치적 기획을 담고 있는 말이라는 것이다.

하지만 혈통 및 문화를 공유하는 집단이 민족이라는 관념에 익숙한 우리는 과연 이러한 관점이 역사적 사실에 부합되는 것인지 의아해할 수 있다. 그러나 1871년에 완성된 독일 통일의 과정을 살펴보면, 적어도 서양에서는 그것이 분명한 사실임을 확인할 수 있다. 독일 통일을 위해 소집된 프랑크푸르트 국민회의에서는 통일된 독일 속에 오스트리아를 포함시켜야 한다는 **대독일주의**와 오스트리아를 배제하고 프로이센을 중심으로 통일을 이루자는 **소독일주의**가 대립해 있었는데, 이후의 통일 과정에서 소독일주의가 승리하게 되어 오늘날의 독일이 탄생했다. 그러나 오스트리아에 가 본 적이 있는 사람은 그들이 대부분 독일인과 같은 생김새를 가졌고 독일어를 쓴다는 사실을 쉽게 확인할 수 있을 것이다. 따라서 만약 민족이 혈통과 문화를 함께하는 사람들의 집단이라면 오스트리아인들이 독일 민족에 속하지 않는다는 주장은 어불성설이 된다. 그러므로 적어도 유럽에서는 민족이 근대의 정치적 기획에 의해 발명된 집단이라는 사실이 역사적으로 분명하다는 것이다.

그런데 이러한 민족에 관한 셋째 관점은 **베네딕트 앤더슨**(B. Anderson)의 『**상상의 공동체**』를 통해 우리 사회에도 널리 알려졌으신·구교 간의 30년 전쟁이 끝난 1648년 이후에도 명목상 신성로마제국이 통치하고 있었던 독일은 30여 개의 작은 나라로 분열되어 있었다. 1834년 프로이센의 주도로 관세동맹을 체결하여 경제적 통일로 나아갔던 독일은 1848년 프랑크푸르트 국민회의를 개최하여 정치적 통일을 모색하게 된다. 여기에서는 독일이란 무엇인가, 즉 통일 독일 속에 오스트리아가 포함될 것인가의 문제와 통일 독일의 정부 형태가 공화국이어야 하는가 군주국이어야 하는가의 문제가 주된 쟁점이었다. 대독일주의를 지지했던 자들은 통일 독일에 오스트리아는 물론 보헤미아까지 포함되어야 하며, 그 경우 제국의 제관이 오스트리아 합스부르크(Habsburg)가에 돌아가야 한다고 주장하였다. 소독일주의를 주장했던 자들은 오스트리아는 통일 독일에 포함되지 말아야 하며 프로이센의 호엔촐레른(Hohenzollern)가가 왕위를 차지해야 한다고 주장하였다. 1862년 프로이센의 수상이 된 비스마르크는 오스트리아를 제외한 프로이센 중심의 통일을 추진하면서, 국가의 대사를 결정하는 것은 연설이나 다수결이 아니라 오직 '철(鐵)과 혈(血)'일 뿐이라고 외치며 의회의 기능을 정지하고 군제 개혁을 단행하였다. 보오전쟁(1866)과 보불전쟁(1870~1871)에서 승리한 뒤 파리 교외의 베르사유 궁전에서 프로이센 왕 빌헬름 1세가 황제로, 비스마르크가 재상으로 취임함으로써 마침내 독일은 통일을 완성하고 제2제국을 수립하게 된다.

며, 최근에는 우리 민족도 근대적 발명의 소산이라는 주장이 전통적 민족 개념에 강력한 도전장을 내밀고 있다. 이하에서는 이 문제를 간략히 살펴보고자 한다.

상상의 공동체

인도네시아를 비롯한 동양의 역사에 상당한 식견을 가진 인류학자 베네딕트 앤더슨에 따르면 민족은 '**제한되고 주권을 가진 상상의 정치공동체**'로 정의할 수 있다.

여기서 '**제한된**(limited)'이라는 말은 중국 민족과 같이 큰 민족도 안팎을 구분하는 분명한 경계가 있어서 결코 인류와 같은 범위일 수는 없다는 뜻이다. 그리고 '**주권을 가진**(sovereign)'이라는 말은, 민족이 왕권신수설을 폐기하고 국민주권을 표방한 근대국가의 산물이므로, 결국 주권은 민족, 즉 국민에게 있을 수밖에 없다는 의미를 가진다. 또한 '**공동체**(community)'라는 말은, 민족이 실제로는 그 속에 만연해 있는 불평등에도 불구하고 깊고 수평적인 동료관계로 인식된다는 의미다. 가령 심각한 빈부격차나 실질적인 정치적 불평등의 존재에도 불구하고 사람들은 민족을 밀접하고 수평적인 동료관계로 인식하기에 유사시 그것을 위해 목숨을 바쳐왔다는 것이다. 그러나 무엇보다 중요한 민족의 개념 요소는 '**상상의**(imagined)'라는 말의 의미인데, 이 단어의 뜻은 아래의 글을 읽어 본 뒤 조금 상세히 설명하도록 하자.

민족(nation)은 가장 작은 민족의 성원들도 대부분의 자기 동료를 알지 못하고 만나지 못하며 심지어 그들에 관한 이야기를 듣지도 못하지만, 구성원 각자의 마음에 서로 친교(communion)의 이미지가 살아 있기 때문에 상상된 것이다. 르낭(Renan)이 "민족의 핵심은 전 소속원이 많은 것을 공유한다는 사실이며, 동시에 전 소속원이 많은 것을 망각해 주어야 한다는 사실이다"라고 썼을 때, 그는 그의 유쾌한 화법으로 이 상상함(imagining)을 언급한 것이다. 겔너(Gellner)가 "민족주의는 민족들이 자의식에 눈뜬 것이 아니다. 민족주의(nationalism)는 민족이 없는 곳에 민족을 발명해 낸다."라고 얼마간 잔인하게 규정했을 때 위와 유사한 논점을 이야기하고 있다. 그러나 이러한 공식화의 결점은 민족주의가 잘못된 구실 아래 가장하고 있다는 점을 보여 주려고 너무 애쓴 나머지 '발명'을 '상상'이나 '창조'보다는 '허위날조'와 '거짓'에 동화시킨 것이다. 이리하여 그는 민족과 병치될 수 있는 '진정한' 공동체들이 존재함을 암시한다. 사실 면대면(面對面)의 원초적 마을보다 큰 공동체는 (그리고 아마 이 마을조차도) 상상의 산물이다. 공동체는 그들의 거짓됨이나 참됨에 의해서가 아니라 그들이 상상되는 방식에 의해 구별되어야 한다. 우리는 오늘날 구체제(ancien régime)의 프랑스 귀족을 하나의 계급으로 생각할 수 있다. 그러나 분명히 그것은 아주 뒤늦게야 이렇게 상상된 것이다. 누가 "X백작이냐?"라는 질문에 대한 정상적인 대답은 '귀족 계급의 성원'이 아니라 'X의 군주', 'Y남작의 삼촌' 혹은 'Z공작의 고객'이었을 것이다.

– 베네딕트 앤더슨, 『상상의 공동체』

위 인용된 글에서 가장 유의해야 할 대목은 앤더슨이 겔너의 주장을 비판하는 부분이다. 즉 민족이 상상의 공동체라는 의미를, 민족과 같이 대부분의 구성원과의 면대면 접촉이 불가능한 공동체는 거짓 공동체이고, 작은 면대면 공동체는 참된 공동체라는 뜻으로 오해해서는 안 된다는 것이다. 오히려 모든 공동체는 상상의 산물이며, 따라서 공동체들은 상상되는 방식에 의해 구별되어야 한다는 것이다. 다음과 같은 가상의 사례를 가지고 이를 알기 쉽게 설명해 보자.

어떤 도시의 한 연립주택 주민들은 늘 서로 얼굴을 마주치지만 그들이 하나의 공동체라고 생각하지는 않았다. 그러던 어느 날 인근 공군 부대 소유의 헬리콥터가 추락해 이 연립주택이 전파되고 주민들은 손해배상을 받기 위해 하나의 집단으로 똘똘 뭉치는 상황이 발생했다.

이러한 경우로부터 우리는, 면대면 접촉 그 자체보다는 주민들의 상상이 손해배상을 받기 위한 그들의 모임을 공동체로 만든다는 것을 알 수 있다. 그리고 이 공동체가 인근의 공군 부대와 구별될 수 있는 것도 두 공동체가 상상되는 방식의 차이에서 비롯된다는 것을 알 수 있다.

그러나 민족이 '거짓' 공동체로 생각되어서는 안 된다는 앤더슨의 주장이, 민족이 혈연에 기초한 원초적 실재라는 주장을 지지하는 것은 결코 아니다. 민족이 상상의 산물인 이상, **우리의 정치적 충성심을 귀속시킬 수 있는 다른 공동체**(가령 EU와 유사한 동아시아 공동체)도 얼마든지 상상할 수 있는 것이기 때문이다. 따라서 앤더슨의 이론을 수입한 우리나라의 학자들을 통해 우리의 전통적 민족 개념을 분쇄하려는 시도가 이루어지고 있는 것은 어쩌면 자연스러운 논리적 귀결일지도 모른다.

우리 민족도 상상의 공동체인가?

서울대 경제학과의 경제사학자 이영훈 교수는 앤더슨의 『상상의 공동체』를 이론적 배경으로 하여 우리 민족도 20세기에 발명되었다는 주장을 하였다. 우선 그가 쓴 글에서 이러한 내용을 확인해 보기로 하자.

이처럼 19세기 말까지 백두산에 오른 조선의 지식인들은 백두산의 웅대한 산세와 신비로운 경관을 성리학적 자연관이나 소중화 문명 사관에 입각하여 해석함이 일반적이었다. 그들에게서 백두산이 민족의 거룩한 발상지라는, 오늘날의 한민족이 널리 공유하고 있는 일종의 종교적 경외감을 찾기는 어렵다. 다시 말해 그러한 신화는 20세기에 들어와 생겨난 것이다. 주지하듯이 20세기에 들어와 기자에서 출발하는 조선의 소중화 문명사관은 파기되었다. 연후에 단군을 국조로 한 한국인들의 역사가 새롭게 쓰였다. 그에 따라 4,000년 문명사의 한민족이 창조되었다. 백두산이 민족의 성지로 바뀐 것도 다름아닌 그 일환이었다.

앞의 백두산 이야기는 오늘날 한국인들을 정신적으로 결속하는 최대공약수로서 '민족'이라는 것이 실은 생겨난 지 얼마 되지 않은 것임을 넉넉히 시사하고 있다. 이미 여러 차례 지적된 바이지만 '민족'이라는 단어는 1904년 러일전쟁 이후 일본에서 수입된 것이다. 조선시대에는 '민족'이나 동일한 뜻의 다른 말이 없었다. 말이 없었음은 오늘날 그 말이 담고 있는 한국인들의 집단의식이 조선시대에 없었거나 다른 형태의 것이었음을 이야기하고 있다. '민족'이라는 말이 대중적으로 널리 유포된 것은 1919년 최남선이 지은 〈조선독립선언서〉를 통해서였다. '민족'이라는 한국인의 집단의식도 그렇게 20세기에 걸쳐 수입되고 나름의 유형으로 정착된 것이다. 두말할 것도 없이 주요 계기는 일제의 식민 지배로 인한 한국인들의 소멸 위기였다. 그에 따라 한국인들은 공동 운명의 역사적 문화적 공동체로 새롭게 정의되었고, 그렇게 한민족은 일제의 대립물로서 성립했다. 민족 형성에 요구되는 신화와 상징도 일본의 것들을 의식하면서, 그에 저항하거나 그를 모방하면서, 새롭게 만들어졌다.

– 이영훈, 「왜 다시 해방 전후사인가」

이영훈 외, 『해방 전후사의 재인식』, 책세상(2006)

위 글에 나타난 이 교수의 주장을 요약하면 다음과 같다. 20세기 이전에는 민족이라는 말도 없었으니 그 개념에 정확히 상응하는 민족적 실체도 없었다. 그러나 일제강점기가 불러온 위기의식 속에서 일부 지식인들은 새로 수입된 민족이라는 개념을 이용해 한반도의 주민들을 하나의 민족으로 '형성'해 내었다. 나아가 이 교수는 민족에 대한 이러한 관점을 바탕으로 민족을 지상의 가치로 여기는 민족주의의 폐해를 비판하는 것은 물론, 민족보다 국가를 상위의 개념으로 내세우면서 자유와 인권 같은 보편적 가치에 기초한 문명국가를 창조할 것을 역설하고 있다.

일제강점기에 대한 역사 연구가 민족적 감정을 앞세워 실증적 연구를 소홀히 했던 점, 남과 북의 정권이 민족을 명분으로 개인의 자유와 권리를 억압했던 현대사, 민족자본을 육성해야 한다는 구실로 소비자의 효용 감소를 무시해 온 재벌의 행태 등 민족을 지상의 가치로 여기는 민족주의의 폐해를 생각해 보면, 이 교수의 주장에도 일리가 있다. 그리고 학문적으로 보아도 20세기 이전에는 민족이라는 말이나 그 말에 정확히 상응하는 실체가 없었던 것도 사실로 판단된다.

그러나 민족이 상상의 공동체이기에 지고의 가치가 될 수 없다는 이 교수의 주장은, 모든 공동체는 상상의 산물이라는 점에서 국가도 마찬가지라는 지적을 면할 수 없다. (이는 'nation'이라는 말이 '국가'의 의미를 포함하고 있다는 점에서도 확인된다.) 또한 만일 민족이 많은 폐해를 낳은 공동체이기에 국가를 우선시하는 것이라면, 국가가 저지른 숱한 만행들은 어떻게 방어될 수 있는지 묻지 않을 수 없다. 한편 현실적 측면에서도 보편적 가치를 토대로 한 문명국가 건설의 주장은 그 효용성에 한계가 있다. 그러한 주장은 민족과 민족국가가 그 구성원의 정체성을 형성하는 바탕이 되어주며, 인류의 삶을 효율적으로 조직하는 단위로 기능하고 있는 점을 과소평가하는 처사라고 보인다. 첨언할 것은, 민족이라는 말이 20세기에 급속도로 퍼지게 된 이유 중 하나가 그 개념에 쉽게 포섭될 만한 유사한 실체가 역사적으로 존재하였기 때문이 아니었냐는 점이다.

인간과
매체 기술

"사람은 책을 만들고 책은 사람을 만든다." 이것은 교보문고 본점 앞 표석에 새겨진, 설립자가 지었다는 의미심장한 글귀다. 책도 인간이 만든 도구라는 점에서, 이 글귀는 다음과 같이 확장해석을 해도 좋으리라. **"사람은 도구를 만들고 도구는 사람을 만든다."** 이렇게 바꾸어 놓은 글귀는 인류의 별명 중 하나인 **도구적 인간**(Homo Faber)의 속뜻이 무엇인가를 우리에게 알려 준다. 조금 있으면 그 뜻이 더욱 분명해지겠지만, 도구적 인간이란 인간이 일을 효율적으로 하는 수단으로서의 도구를 만들 뿐만 아니라 그 도구에 의해 정체성과 자기이해(自己理解)가 바뀐다는 의미를 내포하고 있으니 말이다. 또한 **복잡한 도구를 만드는 방법** 혹은 복잡한 도구 그 자체가 **기술**이라고 볼 때, 이 글귀는 **"인간은 기술을 만들고 기술은 인간의 정체성을 바꾼다."**는 의미를 지니고 있기도 하다.

이번 절에서는 도구와 기술, 그중에서도 매체기술을 중심으로 그것이 인간의 정체성에 어떤 영향을 미치는지를 살펴보고자 한다.

기술에 의한 경험의 확대−축소 변형

미국의 철학자 **돈 아이디**(D. Ihde)는 모든 도구의 사용이 대상이나 경험의 어떤 측면을 **확대**시키는가 하면 또한 동시에 **축소시키기**도 한다고 지적한 바 있다. 이를테면 자동차는 한 장소에서 다른 장소로 이동하는 일과 관련된 우리의 경험을 확장시키는 반면, 동시에 그 사이 공간을 주의 깊게 바라보고 음미하는 것과 관련된 우리의 경험을 축소시킨다. (도보 여행자가 사이 공간을 직접적으로 경험하는 것과 비교해 보라.) 마찬가지로 컴퓨터는 우리의 계산적이고 분석적인 경험을 확장시키지만, 컴퓨터 언어로 번역될 수 없는 질적인 경험들을 축소시킨다. 가령 중국의 화가 **사혁**●이 제창한 '**화론 육법**(畵論 六法)'의 '**기운생동**(氣韻生動)'은 기를 충실하게 묘사한 생생한 표현을 의미하는데, 이와 관련된 경험은 이진법으로 정보를 처리하는 컴퓨터 언어로는 전달되기 어려워 오늘날 이를 체득한 사람을 찾아보기 어려운 형편이다.

이와 같이 기술에 의한 경험의 확대−축소 변형이 일어나는 근본적 이유는, **인간이 경험의 복잡성과 다양성을 축소시킴으로써만 특정한 경험을 확대할 수 있는 능력을 얻을 수 있기 때문**이다. 맹인이 시각을 잃어버림으로써 촉각이 발달하는 것처럼, 우리가 모든 감각 양식들을 동시에 발달시켜 경험을 확장시킬 수는 없다는 뜻이다.

● 사혁(謝赫)
위진남북조 시대 남제(南齊)의 화가이자 미술이론가로서 동양화를 그리는 핵심적 방법론으로 육법을 제시하였다. 기를 충실하게 묘사한 생생한 표현을 의미하는 기운생동(氣韻生動), 대상의 골격을 분명하게 파악하여 그릴 것을 뜻하는 골법용필(骨法用筆), 대상의 형태를 잘 파악하여 사실적으로 그릴 것을 말하는 응물상형(應物象形), 대상에 적합한 색채를 부여해야 한다는 의미의 수류부채(隨類賦彩), 구도를 잘 설정해야 한다는 뜻의 경영위치(經營位置), 옛 그림의 기술과 정신을 배워 활용해야 한다는 의미의 전이모사(傳移模寫)가 그것이다.

자아와 사회라는 이 장의 주제와 관련하여 특히 주목해야 할 점은, 기술이 우리 경험의 어떤 부분을 확대하거나 축소시킴으로써 우리가 살아가는 세계는 물론 우리의 **정체성을 변화**시킨다는 사실이다. 자아가 경험을 통해 형성되는 것이라면, 기술에 의한 경험의 변화가 자아정체성의 변화로 이어지는 것은 너무나 당연하다. 그런데 기술이 촉진하는 이러한 경험의 확대–축소 변형에 의한 정체성의 변화는 의사소통을 매개하는 **매체기술**에서 더욱 강력하게 나타난다. 모든 도구와 기술이 인간과 환경을 매개하는 넓은 의미의 매체이기는 하지만(가령 지팡이는 손과 땅바닥을 이어주는 매체이다.), 우리의 의식과 그 의식에 대한 자기이해에 더 직접적 변화를 초래하는 것은 이동전화처럼 의사소통과 관련된 **좁은 의미의 매체**이기 때문이다. 이러한 문제의식에 기초하여 매체기술의 발달이 인간의 삶과 정체성에 어떤 변화를 초래하였는지를 살펴보기 전에, 먼저 여러분은 아래의 인용문으로부터 철도의 출현이 인간 경험의 어떤 부분을 확대하고 어떤 부분을 축소시켰는지 스스로 확인해 보기 바란다.

증기기관에 의해 인간과 세계의 공간은 단축되었다. 철도의 출현으로 이질적인 공간은 균질적인 공간으로 탈바꿈했다. 거리의 마찰이 극복됨으로써 각 지역의 고유성은 파괴되고 자본주의적 생산과 소비 공간으로 흡수되었다. 철도가 이동하는 곳마다 도시들이 솟아났다. 철도는 인간의 공간 지배력을 급속하게 넓혔다. 상품 유통이 촉진됨에 따라 자족적인 지역경제는 국민경제로 수렴되었다. 또 인간

이 자연의 순환적 리듬에서 벗어나 인공의 기계적 리듬에 호흡을 맞
추게 된 것도 철도 때문이었다. 철도는 인간에게 기계적 시간을 강제
했다. 철도시간표는 지역적 시간을 해체하고 통일적인 시간을 부여
했다.

— 볼프강 쉬벨부쉬, 『철도여행의 역사』

미디어는 메시지다

캐나다의 영문학자이자 문화비평가였던 **마샬 맥루한**(Marshall
McLuhan)은 『**미디어의 이해**』에서 미디어(매체)의 특성이 사회적 변
화에 미치는 영향에 주목하여 '**미디어는 메시지다**(The medium is the
message).'라는 유명한 명제를 제시하였다. 일반적으로 미디어는
단순히 메시지를 전달하는 수단, 도구, 기술에 지나지 않는 것으
로 생각되지만, 맥루한은 1) 미디어가 메시지를 결정하며 2) 나
아가 미디어가 의사소통 방식과 삶의 방식을 전면적으로 바꾸어
놓는다는 점에 주목하여 '**미디어 자체가 메시지**'라고 주장한 것이
다. (그의 책은 대단히 난해하고 불명료하여 정확한 의미를 파악하는 데 어려움
이 있지만, 그 논지를 짐작하지 못할 바는 아니다.) 이를 좀 더 상세히 설명
해 보도록 하자.

여러분은 미국의 1960년 대통령 선거의 후보자 토론회가 TV가
아닌 라디오로만 방송되었다면 그 결과가 어떻게 되었으리라고
짐작하는가? 익히 알려진 바와 같이 미국의 35대 대통령 선거에
서 젊고 스마트해 보였던 케네디가 노련하고 논리적이었던 닉슨
을 누르고 당선된 데에는 사상 최초로 도입된 TV 토론회가 결정

적인 영향을 미쳤다. 다니엘 부어스틴(Daniel J. Boorstin)의 『이미지와 환상』에 나오는 닉슨의 상황을 잠시 인용해 보자.

반면 닉슨 후보는 케네디가 제기한 이슈에 일일이 논박하면서 이슈 중심으로 접근했다. 그러나 닉슨은 TV에 출연하는 데 치명적인 문제가 있었다. 그는 선천적으로 종이처럼 얇은 피부를 가지고 있었다. 일반 광학 카메라로 촬영하면 그 피부는 아무 문제도 없었다. 그러나 TV 카메라는 전기적으로 찍는 것이며 TV 카메라의 고감도 촬상관 때문에 X-레이를 찍는 것 같은 효과를 만들어 낸다. TV 카메라는 닉슨의 얇은 피부를 통과하여 얼굴 표피 바로 아래서 자라는 수염 한 가닥까지도 보이게 했다. 선거에 결정적인 영향을 주었던 첫 토론회 때, 닉슨은 본인의 이런 조건과 전혀 맞지 않는 'Lazy Shave'라는 화장품으로 분장을 했다. 그 결과, 말쑥하고 스마트하게 보였던 케네디와는 달리 닉슨은 수척하고 수염이 텁수룩하게 보였다.

아이젠하워 행정부에서 부통령을 연임한 검증된 인물로서 라디오 방송에서는 유권자들에게 더 큰 호소력을 발휘했던 닉슨이, 열세를 만회하기 위해 TV 토론회를 적극 제의하였던 케네디에게 첫 번째 TV 토론회를 계기로 패배하였다는 사실은, 미디어가 선거에 미치는 위력을 새삼 실감케 한다. 그런데 이 사례에서 TV와 라디오라는 미디어는 케네디와 닉슨의 메시지를 중립적으로 전달하는 수단에 불과했던 것일까, 아니면 메시지(내용) 자체를 결정했던 것일까? 소녀시대와 빅마마의 노래를 라디오로 듣는 경우와 TV로 시청하는 경우 우리가 사용하는 감각기관이 변화함에 따라 그 메시지가 다르게 수용된다는 것을 생각해 본다면, 후자의 관점이 옳다는 것을 쉽게 알 수 있다. (절대 빅마마의 외모를 폄하하려는 것이 아니다. 그들의 가창력을 높이 평가한다는 의미이다.) 바로 이러한 점, 즉 **미디어가 메시지에 영향을 미치고 메시지를 결정하는 데 개입한다**는 점에 주목하여 맥루한은 "미디어는 메시지다."라고 주장하였던 것이다. 그러나 "미디어는 메시지다."라는 주장에는 더 깊은 함의가 있다. 문단을 바꾸어 그 내용을 살펴보도록 하자.

어느 날 밤 여러분이 전깃불로 밝혀진 '참새와 허수아비'라는 카페의 간판을 들여다보고 있다고 가정해 보라. 그때 만약 한 친구로부터 전깃불이라는 매체(미디어)가 전달하는 내용(메시지)이 무엇이라고 생각하느냐는 질문을 받는다면, 여러분은 어떻게 대답할 것인가? 아마 대부분의 사람은 '참새와 허수아비'(보다 일반적인 의미로는 문자언어)라고 대답할 것이다. 그러나 만약 그 친구가 '참새와 허수아비'라는 문자언어는 또 다른 내용(메시지)을 전달하는 매체(미디어)일 뿐이라고 지적하며, 그것이 전달하는 내용(메시지)이 무엇이냐고 묻는다면 여러분은 어떻게 대답할 것인가? 이 경우에 적합한 대답은 '참새와 허수아비'라는 음성언어가 될 것이다. 그렇다면 그 친구는 또 다음과 같이 질문할 수 있다. 음성언어는 또 다른 내용(메시지)을 전달하는 매체(미디어)일 뿐인데, 그 내용(메시지)은 무엇인가? 이 질문에 적합한 답은 머릿속의 사유가 될 것이다. 이 가상의 이야기가 말하고자 하는 바는, '**어떤 매체(미디어)의 내용(메시지)은 또 다른 내용(메시지)을 전달하는 매체(미디어)**

다.'라는 맥루한의 생각이다. 사실 맥루한은 애당초 미디어가 전달하는 '순수한 정보'로서의 메시지에는 관심이 없는 셈이다. 오히려 그의 관심은 이런 것이다. 전깃불이 없다면 우리는 야간자습을 할 수도 없고, 프로야구 야간경기를 볼 수도 없으며, 밝은 조명이 필요한 뇌수술을 받을 수도 없다. 즉 미디어는 그것의 출현과 더불어 우리의 삶에 **새로운 정신적 · 사회적 결과들**을 가져다 주는데, 바로 이러한 결과가 미디어의 참된 메시지라는 것이다. 따라서 앞서 언급했던 "미디어는 메시지다."라는 명제가 가지는 보다 깊은 의미란, **"미디어가 가져오는 사회적 변화가 미디어의 메시지다."**라고 규정할 수 있겠다.

그런데 위에서 소개한 "미디어는 메시지다."라는 **명제의 두 의미는 결코 별개의 것은 아니다.** TV가 두 후보자의 메시지를 결정했다는 사실과 TV가 케네디를 대통령으로 만드는 등 미국사회에 많은 변화를 가져왔다는 사실이 별개의 것이 될 수 없듯이 말이다. 기실 전자(미디어가 메시지에 영향을 미치고 메시지를 결정하는 데 개입하는 것)는 의사소통 과정에서 초래된 변화로서, 후자(미디어가 초래한 새로운 사회적 변화)의 일부분 혹은 근본적 원인으로 간주될 수 있는 것이다.

매체기술의 발달로 본 세계사

맥루한을 비롯한 매체철학자들은 대개 미디어의 발달을 네 단계로 나누고 그에 조응하여 인류의 역사를 ① 구어(口語) 시대, ② 필사(筆寫) 시대, ③ 활자매체(活字媒體) 시대, ④ 전자매체(電子媒體)

구텐베르크와 마틴 루터

시대로 구분한다.

　구어 시대에는 발화자가 지근거리에 있는 수화자와 구어 즉 음성언어를 통해 의사소통을 하였다. 음성언어의 특성상 **청각**이 주된 감각 양식이었지만, 의사소통의 시공간적 근접성 때문에 시각, 촉각, 후각 등을 총체적으로 사용하는 **공감각적 의사소통**이 가능하였다. 따라서 의사소통은 구체성을 띠었고 사회적 관계는 짙은 인격성을 담보할 수 있었다.

　문자의 발명으로 시작된 문자 시대는 손으로 문자를 베껴 쓰던 **필사 시대**와 활판인쇄술을 사용하여 인쇄물의 대량복제가 가능해진 **활자매체 시대**로 구분된다. 특히 활자매체 시대에는 활판인쇄술의 영향으로 근대 문화의 특성들이 주조됨으로써 **근대 사회**가 형성되는데, 이러한 이유로 근대 사회를 **구텐베르크 은하계**(Gutenberg galaxy)라고도 한다. 활판인쇄술이 어떻게 근대 사회의 특성들을 만들어 내었는지 간략히 살펴보기로 하자.

첫째, 활판인쇄술로 인쇄된 책은 사람들로 하여금 홀로 심사숙고할 것을 요구함으로써 **개인주의적 사고와 논리적이고 추상적인 사고**를 발달시켰다. 고대나 중세의 연극과는 달리 책은 혼자서 읽는 것이므로 이는 개인주의적 사고를 촉진시킬 수밖에 없었다. 또한 책은 사람들을 **선형적**(linear) **시지각**에 의존하게 하여 논리적 사고를 발달시켰다. 그림이나 사물을 바라볼 때 전체적 모습을 한눈에 파악하는 **모자이크식 시지각**과는 달리, 선형적 시지각은 위에서부터 아래로, 왼쪽에서부터 오른쪽으로 순서대로 글을 읽어 나갈 때 사용하는 시지각이다. 이러한 지각 방식은 시간적 순서나 인과관계에 조응하는 것으로서 근대인의 논리적 사고를 발달시키는 데 기여하였다. 더구나 책에서 사용하는 추상성이 높은 개념어들은 근대인의 추상적 사고 또한 촉진시켰다.

둘째, 고립된 상황에서의 성경 읽기는 **개인적 계시**를 강조하는 프로테스탄티즘이 대두하게끔 함으로써 **종교개혁**의 기폭제가 되었다. 당시의 인쇄 자본은 난해한 라틴어 대신 쉬운 지방어(독일어, 불어 등의 전신이다.)로 인쇄된 성경을 판매하여 투자비용을 회수할 필요가 있었으므로, 독일어로 번역된 마르틴 루터의 성경 등을 공산품으로 제조하여 판매하는 데 앞장섰다. (마르틴 루터의 성경은 초판만 4,000부가 발행되었다.) 이러한 과정을 통해 성경이 개인에게 널리 보급되지 않았다면 아마도 개인적 계시를 강조하는 개신교 혁명은 불가능했을지도 모른다.

셋째, 책을 통한 **모국어의 시각적 이해**와 지도를 통한 **국가의 시각적 이해**로 인해 **민족주의**의 발달이 촉진되었다. 앞 절에서 설명하였다시피 중세 유럽에는 왕조국가들만이 존재하였을 뿐 민족국가나 민족은 존재하지 않았다. 그도 그럴 것이, 중세의 한 농노가 누군가 프랑스 민족의 단결을 외치는 소리를 들었다고 해도, 주변에 보이는 것이라곤 장원의 들판밖에 없는 까닭에 프랑스의 영토가 머릿속에 그려질 리도 없었거니와 모국어의 정체성을 눈으로 확인할 수도 없었던 상황에서, 민족주의에 매료될 가능성은 없었기 때문이다. 이런 상황에서 활판인쇄술의 발명은 책과 지도를 통해 민족의 언어적, 영토적 정체성을 공고히 할 수 있는 계기를 마련해 주어 민족주의의 발달을 고무시켰던 것이다.

　그러나 이러한 근대 문화에는 바로 그러한 근대 문화를 가능하게 한 활판인쇄술이 가지는 특성에 의해 초래된 여러 가지 문제점이 있었다. 첫째는 인쇄매체가 가지는 **일방향성**과 상호작용의 부족이 초래한 근대인의 **고립적 개인주의**였다. 고립적 개인주의의 장점은, 수술을 하면서 환자에 대한 인정에 사로잡히면 안 되는 외과의사의 경우를 보면 잘 알 수 있듯이, 상대방의 반응을 무시하고 초연히 일을 할 수 있도록 만든다는 점이다. 이러한 태도는 자연을 생명이 없는 기계로 대함으로써 가차 없는 실험을 가능하게 하여 과학기술의 발전을 가져오기도 했다. 그러나 바로 이러한 태도가 환경의 파괴를 초래한 것은 물론 자본주의의 비정한 착취나 가장 위험한 사회적 수술(가령 혁명)조차도 초연히 완수하는 결과를 낳음으로써 수많은 사람의 고통을 야기하는 비극을 낳기도 했다. 둘째는 인쇄매체가 가지는 **추상성**과 **논리성**이 **구체성과 감성적 활력의 부재**를 초래하였다는 점이다. 인쇄매체로 대변되는 근대적 기계기술은 사회적 관계의 시공간적 범위를 넓혀 인류의 삶의 지평을 확장하였지만, 사회적 관계의 외연이 넓어질수록 그 내포는 빈곤해지는 결과를 낳았다. 대다수의 근대인이 메마른 감성, 형해화된 법, 상업적 관계를 벗어나지 못하는 얄팍한 인간관계에 매달려 스스로 가정을 비롯한 시민사회에서조차 투구벌레들처럼 툭 부딪히는 것에 불과한 존재들로 전락해 버린 것이다.

그러나 선형적 시지각은 물론 모자이크식 시지각과 청각까지 사용하여 상대방의 반응을 순식간에 이끌어 내는 쌍방향적 **전자 매체 시대**에는 고립적 개인주의와 메마른 추상성이 극복되고 상호적이며 구체적인 인간관계가 지구적 차원에서 실현되는 '**지구 촌**(global village)' 시대가 열릴 것이라는 게 맥루한의 믿음이다. (가령 시각, 청각, 촉각, 후각을 사용하여 원거리에 있는 사람들과 대화하는 가까운 미래의 사람들의 모습을 생각해 보라.) 그러나 그의 믿음과는 배치되는 여러 징후들(가령 공감 능력이 부족하고 집중력이 떨어지며 인간관계를 게임 정도로 생각하는 신세대의 출현)을 보면, 매체기술이 사회적 삶과 인간의 정체성을 결정한다는 그의 테제에는 동의할 수 있지만, 전자매체의 특성과 그것이 빚어낼 삶의 방식의 변화를 그가 정확히 읽어 냈다는 데는 쉽게 동의할 수 없을 것 같다.

개념 다지기

❶ 매슬로우의 욕구 5단계설에서 안전의 욕구보다 생리적 욕구가 더 근본적인 욕구인 이유와 그러한 것을 잘 보여 주는 사례를 제시하시오.

❷ 자유민주주의−자본주의 사회가 자아실현에 가장 적합한 체제라는 주장을 비판해 보시오.

❸ 세계화를 바라보는 네 시각을 설명해 보시오.

❹ 네그리가 민족주의 좌파에 반대하는 이유를 정체성에 대한 관점을 중심으로 설명해 보시오.

❺ 혼종의 순기능과 역기능의 사례를 들어 보시오.

❻ 바바의 혼종성 담론의 문제점을 지적해 보시오.

❼ 민족에 대한 세 관점을 설명하고 각각의 장단점을 말해 보시오.

❽ nationalism을 어떻게 번역하는 것이 좋은지에 대한 자신의 견해를 말해 보시오.

_____

_____

_____

❾ 우리 민족을 상상의 공동체로 보는 것이 합당하다고 생각하는가?

_____

_____

_____

❿ 도구적 인간이 무엇을 의미하는지 말해 보시오.

_____

_____

_____

⓫ "미디어는 메시지다."라는 명제의 의미를 말해 보시오.

_____

_____

_____

⑫ 활판인쇄술이 형성한 근대성에는 어떤 것이 있는지 말해 보시오.

⑬ 전자매체 시대의 자아정체성에 대해 자신의 견해를 말해 보시오.

논·구술 기출문제

1. 2001 고려대 수시 논술: 애국주의와 세계시민주의
2. 2007 서강대 수시1 논술: 원시인, 근대인, 탈근대인의 자아
3. 2008 경북대 모의논술: 사회와 역사를 이해하기 위한 기본단위
4. 2008 연세대 정시 논술: 민족정체성
5. 2011 고려대 수시 논술: 혼종
6. 2013 서강대 수시 논술(경제·경영학부): 세계화와 분배정의
7. 2007 연세대 수시 면접구술 예시문제: 매체철학
8. 2009 서울대 수시 사과대 구술: 상상의 공동체
9. 2013 고려대 수시 국제인재 구술: 다문화 사회의 갈등과 해결책